JN412335

철학으로부터 무엇을 배울 것인가

철학으로부터 무엇을 배울 것인가

초판 1쇄 2022년 10월 25일

지은이 조해경 · 펴낸이 김기창 · 디자인 호문목

펴낸곳 도서출판 문사철
주소 서울 종로구 창경궁로 265 아남A 상가동 3층 3호
전화 02 741 7719 · 팩스 0303 0300 7719
홈페이지 wwww.lihiphi.com · 전자우편 lihiphi@lihiphi.com
출판등록 제300-2008-40호

ISBN 979 11 92239 18 7 (03100)

＊ 값은 뒤표지에 있습니다.

철학으로부터 무엇을 배울 것인가

조해경 지음

프롤로그

철학자이자 수학자인 파스칼은 그의 『팡세Pensées』에서 독침 하나에도 죽을 수 있는 인간이 강한 우주를 정복하고 지배하는 원인은 인간은 철학을 하기 때문이다. 라고 말한다.

인간의 존재는 약하다. 인간은 자신이 약하다는 것을 알고 있다. 우주는 자신이 강하다는 것을 모른다. 인간은 자신이 약하기 때문에 강한 우주에 의존하여 우주를 정복하는 방법을 연구하였다. 인간은 강하고 거센 우주를 정복하여 모든 만물의 최고의 자리를 지키고 있다. 그러한 자리에 올라가는 과정에서 과학과 기술이라는 형이하학을 바탕으로 하고 있다. 그러나 형이하학을 발전시키는 더욱더 큰 원동력은 바로 형이상학이다. 즉 철학이다.

형이상학의 기반이 약화되면 과학과 기술은 발전의 속도를 멈춘다. 컴퓨터를 발전시키기 위해서는 직접적으로는 전자, 전기의 응용과학을 바탕으로 한다. 컴퓨터 기술을 한 단계 상승시키기 위해서는 물리학이라는 기초과학을 필요로 한다. 과학과 기술의 발전을 가속화하고 향상시키기 위해서는 형이상학인 철학의 바탕이 필요하다. 현대에는 형이상학인 철학과 형이하학인 자연과학의 연계 현상이 나타나고 있다. 또한 형이상학과 형이하학의 구분이 불분명해지는 해체주의 현상이 도래하고 있다.

그러면 현대인들은 철학으로부터 무엇을 배울 것인가.

바로 철학으로부터 깊이 있는 사고를 배우는 것이다. 다시 말하면 철학 이해의 근본 목적은 인간을 철학적으로 융통성 있게 사고하는 인간이 되기 위해서이다.

그러면 철학적 사고란 무엇인가.

철학적 사고란 모든 사안에 대해서 깊이 생각하는 사고를 말한다. 또한 철학적 사고란 논리적으로 사물을 관찰하는 사고를 말한다. 다음으로는 비판적 안목을 가진 사고를 말한다. 사안에 대해서 순수하게 받아들이지 않고 다각적으로 바라보는 시각의 사고를 말한다. 아울러 철학적 사고란 사물을 전체적으로 보는 사고를 말한다. 나무만 보거나 숲만 보는 것이 아니라 숲과 나무를 동시에 볼 수 있는 사고를 말한다. 숲과 나무를 동시에 볼 수 있는 사고란 나무 한그루를 심는 경우에 미리 깊이와 넓이를 정확하게 파악하여 힘의 낭비가 없이 나무를 심을 수 있는 능력을 말한다. 또한 업무 면에서도 중복과 누락을 피해서 효율적으로 업무를 처리하는 사고를 말한다.

디지털 혁명으로 인해 모든 것이 투명화되고 있다. 전 세계의 모든 면에서 투명성을 요구하고 있다. 이러한 시대는 지식과 정보가 지배하는 시대에서 인재가 지배하는 시대로 변화되어지고 있다. 각 기업체를 비롯하여 모든 조직에서는 인재 스카웃 경쟁에 치열하게 열을 올리고 있다. 인간은 개인 각자가 인재가 되려고 노력하지 않으면 얼마 후에 그 조직에서 밀려나 버린다.

과거에는 한번 들어간 직장이 평생직장이라는 개념으로 살아 왔다. 그러나 현대는 평생직장이라는 개념은 사라지고 평생 직업이라는 말로 대체되어 버렸다. 어느 조직에서나 필요 없는 인원은 그 자리에서 냉정하게 뽑아내어서 조직이 잘 돌아가도록 운영하고 있다. 그러기 위해서 구조조정은 항상 언제든지 필요하며 인원을 감축하고 새로운 인원으로 대체하는 전략을 수립하고 있다. 제레미 레프킨의 『노동의 종말』에서처럼 조직은 점차적으로 블루칼라에서 화이트칼라까지 점차적으로 노동력을 로봇으로 대체해 나가는 추세에 이르고 있다. 이러한 시대일수록 조직에서 필요로 하는 인재가 되기 위해서는 철학적인 사고를 필요로 한다.

인간이 사회에 나가서 성공적인 삶을 살아가기 위해서는 깊이 있는 철학적인 사고가 절실히 요구되고 있다. 앞에서도 이미 설명한 두 가지 조건인 자신의 분야에는 최고의 전문가가 되는 일과 다른 분야에서도 세미Semi, 즉 반 전문가가 되어야 한다. 다시 말하면 자신의 직업과 관련이 없는 분야에도 어느 정도는 알고 있어야 하며 문외한이 되어서는 안 된다. 여기에 더해서 필요한 것은 눈물이 많은 사람이 되어야 한다. 현대의 컴퓨터등 기계의 발달로 인해서 인간은 인정미가 사라지고 있다. 옆집과 앞집 사람도 서로 모르고 지내고 있다. 더욱이 아는 것을 귀찮아한다. 이렇게 인정미가 메말라가고 있는 세대일수록 인간에게 필요한 것은 눈물이 많은 따뜻한 인간미인 것이다. 다시말하면 직장의 동료를 비롯하여 주변의 사람들에게 더욱 인간적으로 가까이 가는 인정미를 필요로 한다.

미국 작가 T. S. 엘리엇T. S. Eliot의 황무지에서처럼 인간은 물질적으로는 풍요 속에 정신적으로 황폐해져 버렸다. 인간이 거주하는 아파트는 커다란 콘크리트 벽으로 된 죄수들이 칸막이를 하여 들어가서 사는 움막으로 변해 버렸다. 옆의 칸막이에 들어있는 사람들을 알려고 하지도 않고 또한 아는 것을 싫어하는 인정미가 사라진 시대다. 현대인들의 의식은 황폐되어져 가고 있다.

인간은 이제 컴퓨터 혁명으로 인해 철학으로부터 깊이 있는 사고를 터득하여 컴퓨터로부터 해방된 한 단계 높은 인간으로 발전하는 일이 성공적인 삶의 지름길인 것이다. 이것은 현재 컴퓨터 혁명을 일으킨 원동력을 제공한 기초과학인 물리학을 다시 연구하여 한 단계 높은 물리학을 바탕으로 하여야만 제4의 인류 혁명이 일어나게 되는 것과 같은 맥락에서 이해할 수 있다.

글로벌시대와 디지털 시대에 필요로 하는 지식의 습

들은 다양한 관점에서 접근할 수 있으나 이 책에서는 철학적 관점에서 접근하고자 한다.

목차

제 1 장
철학하는 목적

'철학이란 무엇인가'에 대해서 논하는 것은 쉬운 일은 아니다. 일반적으로 철학을 우리의 삶과 동떨어진 사고와 행동의 불일치라고 생각하는 경우가 허다하다. 실제 철학을 한다는 과거의 많은 철학자들이 현실과 동떨어진 사고를 하거나 일반인들이 생각하는 사고의 벽을 넘은 논리를 전개하였다.

헤겔Hegel을 비롯하여 니체Nietzsche 등 근세 이후의 많은 철학자들이 난해한 철학용어에 인간의 의식과 정신을 복잡하게 분석하여 접근하는 바람에 철학을 우리의 일상생활과 동떨어진 실용성이 없는 순수한 학문으로 전락하도록 하였다.

현대의 주변 환경은 어지러울 만큼 빛의 속도로 변화를 거듭해 나가고 있다. 이러한 급속한 변화에 인간들은 적응해 나가지 못하고 있다.

21세기 디지털 혁명은 인간의 제3의 혁명이라고 부른다. 인간의 제1의 혁명은 '불의 발견'이다. 제2의 혁명은 18세기 서구사회에서 일어난 '산업혁명'이다. 제3의 혁명은 21세기 현재에 시작된 '디지털 혁명'이다.

현대의 디지털 혁명은 인간에게 엄청난 변화를 초래하고 있다. 인간은 급변하는 변화에 대응해 나가지 못하고 있다. 이러한 변화에 잘 대응해 나가는 사람과 국가는 성공하여 초강대국으로 우뚝 설 수 있다. 그러나 빛의 속도로 변화하는 주변 환경에 적응하지 못하는 경우 인간과 국가는 끓는 물속의 개구리가 되어서 자신도 의식하지 못하는 사이에 삶겨서 죽어 버린다.

끓는 물속의 개구리란 무엇을 말하는가.

산에서 개구리 두 마리를 잡아와서 한 마리는 0℃의 찬물 속 가마솥에 넣고서 아궁이에 불을 지펴서 온도를 서서히 올려나가는 실험을 해보자. 그 개구리는 물의 온도가 올라가고 있다는 사실을 의식하지 못한다. 그리고 그 개구리는 온도가 100℃가 되어서 물이 펄펄 끓는다는 사실을 감지하지 못하고 그대로 즐겁게 삶겨서 죽어 버린다. 또 다른 한 마리는 100℃의 끓는 물속에 바로 집어넣어 보도록 하자. 처음부터 끓는 물속에 넣은 개구리는 그 자리에서 반사적으로 튀어 나와서 살아난다.

이 두 실험을 통해서 우리가 알 수 있는 것은 바로 현대를 살아가는 인간과 국가가 똑같은 현실에 처해있다는 것이다.

인류의 역사를 통해서 제1의 혁명인 불의 발견으로 인해서 인간은 인간보다 월등하게 강한 동물들을 지배하기 시작하였다. 제2의 혁명인 산업혁명으로 인해서 동양이 지배하던 역사는 드디어 서양에게 모든 지배권을 양도하고 현재까지 유지 중인 서구중심의 사회로 변해 버렸다. 이제 제3의 혁명인 디지털 혁명으로 현재 전 세계가 주도권을 잡기 위해서 치열한 경쟁을 계속해 나가고 있다.

국가만 그런 것이 아니다. 인간도 글로벌 시대에 자신이 변화를 추구해 나가지 못하는 경우 역시 몰락의 길로 들어서게 된다.

이러한 급변하는 주변 환경에 잘 적응하기 위해서 철학은 왜 필요한가.

철학하는 근본 목적은 인간을 철학적으로 사고하는 인간으로 만들기 위해서이다.

철학적 사고란 무엇인가.

철학적 사고란 모든 사안에 대해서 깊이 생각하는 사고를 말한다. 또한 철학적 사고란 논리적으로 사물을 관찰하는 사고를 말한다. 다음으로 철학적 사고란 비판적 안목을 가진 사고를 말한다. 사안에 대해서 순수하게 받아들이지 않고 비판적으로 바라보는 시각의 사고를 말한다.

아울러 철학적 사고란 사물을 전체적으로 보는 사고를 말한다. 나무만 보거나 숲만 보는 것이 아니라 숲과 나무를 동시에 볼 수 있는 사고를 말한다.

따라서 숲과 나무를 동시에 볼 수 있는 사고란 나무 한 그루를 심는 경우에 미리 깊이와 넓이를 정확하게 파악하여 힘의 낭비가 없이 나무를 심을 수 있는 능력을 말한다. 또한 업무 면에서도 중복과 누락을 피해서 효율적으로 업무를 처리하는 사고를 말한다.

디지털 혁명으로 인해 모든 것이 투명화되고 있다. 전 세계에 모든 면에서 투명성을 요구하고 있다. 이러한 시대는 지식과 정보가 지배하는 시대에서 인재가 지배하는 시대로 변화하고 있다. 각 기업체를 비롯하여 모든 조직에서는 인재 스카웃 경쟁에 치열하게 열을 올리고 있다.

인간은 개인 각자가 인재가 되려고 노력하지 않으면 얼마 후에 그 조직에서 밀려나 버린다.

과거에는 한번 들어간 직장이 평생직장이라는 개념으로 살아 왔다. 그러나 현대는 평생직장이라는 개념은 사라지고 평생 직업이라는 말로 대체되어 버렸다. 어느 조직에서나 필요 없는 인원은 그 자리에서 냉정하게 뽑아내어서 조직이 잘 돌아가도록 운영하고 있다. 그러기 위해서 구조조정은 항상 언제든지 필요하면 인원을 감축하고 새로운 인원으로 대체하는 전략을 수립하고 있다.

이러한 시대일수록 조직에서 필요로 하는 인재가 되기 위해서는 철학적인 사고를 필요로 한다. 사실상 현대인들에게 가장 부족한 것은 철학적 사고력이라고 할 수 있다.

현대인들은 디지털 시대의 컴퓨터 세대들이 주류를 이루고 있다. 컴퓨터의 PC 즉 Personal Computer의 약자인 P세대라고 불리운다. 과거에는 젊은 사람들만 컴퓨터 세대라고 불렀으나 지금은 현대인 모두가 남녀노소를 막론하고 컴퓨터 없이는 생활을 할 수가 없다. 전 세계 인류가 P세대에 속한다.

이러한 컴퓨터 세대에게 부족한 것은 모든 사물을 깊이 있게 생각하기를 싫어한다. 그들은 즉흥적으로 대응하는 순발력만 발달해 나가고 있다. P세대는 논리적 사고력 역시 부족하다. 모든 문제는 컴퓨터를 치면 정보를 쉽게 얻을 수 있다는 생각을 가지고 있다. 따라서 이제 인간이 사회에 나가서 성공적인 삶을 살아가기 위해서는 철학적인 사고가 절실히 요구되고 있다.

현대 사회학자들이 요구하고 있는 현대인들이 성공적인 삶을 살아가기 위한 조건은 무엇인가.

일반적으로 세 가지 조건을 필요로 하고 있다. 첫째 자신의 분야에는 전문가가 되어야 한다. 자신이 몸담고 있는 조직이든 아니면 어디든지 자신이 종사하는 업무에 대해서는 최고의 전문가가 되어야 한다. 다음으로 다른 분야에서도 반은 전문가가 되어야 한다. 다시 말하면 자신의 직업과 관련이 없는 분야에도 어느 정도는 알고 있어야 하며 문외한이 되어서는 안 된다라는 것을 의미한다. 세 번째로 필요한 것은 눈물이 많은 사람이 되어야 한다는 것이다. 현대의 컴퓨터 등 기계의 발달로 인해서 인간은 인정미가 사라지고 있다. 옆집과 앞집 사람도 서로 모르고 지내고 있다.

이렇게 인정미가 메말라가고 있는 세대일수록 인간에게 필요한 것은 눈물이 많은 따뜻한 인간미인 것이다.

현대문명은 과학과 기술만능주의에 힘입어 인간은 자신이 만들어 놓은 과학과 기술에 끌려 다니는 위치로 전락하게 되었다.

'인간은 왜 철학을 하여야 하는가'라는 질문에 대해서 해답을 얻기 위해 가장 필요한 것은 인간의 존재에 대한 연구인 것이다.

인간의 존재란 무엇인가. 또한 인간의 존재란 완전한가에 대한 문제부터 생각할 필요가 있다.

인간존재란 무엇인가.

이 문제에 대해서 오랜 전부터 철학자를 비롯하여 인류학자나 생물학자들이 연구하기 시작하였다.

생물학자들이 보는 관점에서 인간존재는 인간의 99%가 물과 단백질 덩어리로 구성되어진 다른 지구상에 존재하는 동물을 비롯한 생명체와 구별할 수가 없는 것이다. 인간의 팔과 다리를 자르고 눈을 도려내고 칼로 난도질하여 인간의 육체를 나눌 수 있는 만큼 나누고 나면 그 속에서 무엇을 발견할 수 있을 것인가.

결국 인간의 난도질한 육신에서 오직 물과 단백질 이외에는 아무것도 찾을 수 없다는 사실을 발견하고 실망을 하게 된다.

종교적인 관점에서 인간은 창조주인 하느님이 창조했다는 설에 바탕을 두고서 생각할 있다. 생물학자들이 보는 관점에서는 우주에서 무수히 많은 혜성 중에서 비가 내려서 물이 있고부터 생명체가 지구에 나타나기 시작하였다. 인간 역시 다른 생명체와 같은 시기에 나타났거나 아니면 비슷한 동물로부터 진화되었다는 설을 받아들이고 있다.

그러나 이러한 종교학적 차원이나 생물학적 차원에서는 인간의 본질을 규명할 수가 없는 것이다.

인간존재에 대한 문제는 인간의 본질이 무엇인가를 규명하는 일부터 문제를 제기할 필요가 있는 것이다.

인간의 본질은 무엇인가.

인간본질에 대한 문제를 제기하기 전에 인간의 사고는 어떻게 고정되어져 있는가 하는 문제를 보여주고자 한다.

미국의 어느 유명한 철학교수는 많은 사람들에게 이상한 그림을 칠판에 그려 놓고서 이 그림은 무슨 그림입니까라고 하였다.

어느 동양인은 동양인이기 때문에 동양인들이 가지고 있는 사고를 바탕으로 하여 그 그림에 대해 이해하고 있는 견해를 가지고 대답을 한다. 반면 서양학생들은 그들이 가지고 있는 사고를 바탕으로 하여 그 그림에 대한 그들의 견해를 말한다. 그런데 그 철학교수가 내린 정답은 도저히 학생들로는 생각할 수 없는 사고를 바탕으로 한 대답을 하였다.

인간의 본질을 규명하는 문제도 인간이 가지고 있는 한계의 범위를 벗어나고 그 범위를 넘어선 곳에서 인간의 본질을 찾아내야 하기 때문에 더욱더 복잡하게 된다.

인간의 본질을 찾아내는 문제는 수 천 년 동안 철학자들이 연구 대상으로 삼고서 연구를 계속해 나오고 있다.

철학적 관점에서 인간의 본질은 실존주의와 연관하여 현상학적 관점에서 인간의 존재와 본질을 규명하는 문제로 귀착하게 되었다.

현상학적 차원에서 현상학의 시조인 에드문트 후설 Edmund Husserl의 현상학은 인간의 존재를 정확하게 규명하기 위해서 현상학은 인간의 순수한 본질을 찾아내는 것이라고 한다.

인간의 순수한 본질을 찾아내기 위해서 인간은 단순히 눈에 나타나는 앞면만을 보아서는 안 된다. "인간의 순수한 본질은 인간의 눈에 나타나지 않는 속 부분과 앞에서는 보이지 않는 이면을 정확하게 파악하고 그것을 그대로 그려내는 일이 인간의 본질을 규명하는 일이다"라고 현상학자들은 사고의 초점을 맞추어 나가고 있다.

인간의 눈에 보이는 면을 X라고 하고 눈에 보이지 않는 속 면은 Y이고 또 다른 눈에 보이지 않는 이면은 Z라고 한다면 X는 눈에 보이기 때문에 쉽게 알 수가 있다. 그러나 Y와 Z는 어떻게 찾아낼 수가 있는가.

Y와 Z를 알아내기 위해서 인간은 자연과학에서 사용하는 복잡한 수식을 사용하고 인간이 추측할 수 있는 모든 사고를 동원하여야 인간의 본질규명의 접근이 가능한 것이다. 그러나 단순히 접근이 가능하다는 사실과 실지 접근으로 인한 정확성은 확신할 수가 없는 것이다.

그러면 인간은 인간의 본질규명이 왜 불가능한가.

답변은 다양하다. 일반적인 답변은" 인간존재의 불

완전성"에 기인한다. 만약 인간존재가 완전하다면 인간은 눈에 나타나는 X를 통해서 보이지 않는 속면의 부분인 Y와 이면인 Z를 그대로 묘사할 수 있다. 인간존재의 불완전성으로 인해 인간은 현상과 본질을 규명하지 못하고 있다.

현상학은 인간의 순수한 본질을 찾아서 인간존재의 불완전성을 극복하고자 한다. 현상학은 눈에 보이는 X를 통해서 속면인 Y를 찾아내려고 한다. 동시에 보이지 않는 이면인 Z을 정확하게 추측하고자 한다. 결국 현상학은 눈에 보이지 않는 인간의 이면과 속면의 순수한 본질을 규명하고자 한다. 인간의 순수한 본질을 정확하게 묘사함으로써 인간 존재의 불완성을 극복해 내고자 한다.

인간의 겉에 나타나는 현상과, 속과 이면에 있는 본질은 엄청난 차이를 보이고 있는 것이다.

근본적인 접근법은 인간은 존재가 불완전하고 불완전은 완전을 향해서 끊임없이 움직이면서 변화를 추구해 나간다는 것이기 때문에 인간의 본질을 파악하고 규명하기가 힘이 든다는 것이다.

인간존재의 불완전성으로 인해서 인간은 완전해 지

려고 노력을 하고 있는 것이다.

철학의 문제를 비롯하여 인간이 실존하는 한 불완전으로 인해서 모든 문제는 발생하게 된다. 그 불완전성은 완전성을 향해서 끊임없이 달려 나가고 있는 것이다.

인간의 실존과 불완전성을 보면 실존주의 철학자들이 보는 관점을 한번 생각해 볼 수가 있다.

실존주의 철학자 사르트르Sartre는 "실존은 본질에 앞선다"라는 명제를 내세우고 있다. 사르트르가 보는 인간의 실존과 본질 사이에서 인간의 자아 내면에서 바라보는 의식과 자아 밖에서 바라보는 의식으로 구분하고 있다.

자아의 내면에서 바라보는 의식을 '내적의식'이라고 한다면 자아 밖에서 바라보는 의식을 '외적의식'이라고 규정을 할 수가 있다. 이것을 즉자대립과 대자대립이라고 한다. 즉자와 대자인 내면의 자아와 내면 밖의 자아는 같이 합치지 못하는 공간이 있다. 이공간은 결국 인간의 불완전성을 나타내는 것이다.

인간의 불완전성은 완전성을 향해서 끝없는 변화를 추구해 나간다. 인간은 완전해 지려고 영원한 행동인 프락시스praxis를 하는 것이다. 그러나 그 영원한 프락시스가 끝나는 순간 즉자대립과 대자대립은 합쳐지는 것이다. 이것을 우리는 죽음이라고 한다. 인간은 내면의 의식과 밖에서 바라보는 자아의식이 합쳐졌다는 것을 인간 스스로는 이해하지 못한다. 단지 인간은 타인에 의해서 한 인간의 프락시스가 끝이 났다는 것을 알고 있는 것이다.

현상학적 관점에서 보는 사르트르의 실존은 인간이 본질과는 상관없이 자신의 행동에 의해서 자아를 스스로 만들어 나가는 것이다. 따라서 실존적인 차원에서 인간의 본질규명은 결국 프락시스 즉 행동이 인간을 본질을 규정짓는다고 볼 수 있다.

제 2 장
인간존재는 영원히 불완전한가

인류의 역사를 통해서 훌륭한 업적을 남긴 철학자들은 대부분 논리적인 사고를 통해서 인간의 불완전 존재를 완전하게 만들려고 노력하였다.

인간을 불완전 존재에서 완전한 존재로 변화시키기 위해서 철학을 통해 이론적인 사고를 제시한 사람들을 철학자라고 부른다. 반면에 이론적인 사고를 실제로 적용하여 인간들에 모범을 보여주고 행한 사람들을 철인이라고 한다.

고대 그리스 시대의 소크라테스Sōkratēs는 아테네 광장의 곳곳을 누비면서 젊은이들에게 완전한 인간을 만들기 위해서 노력을 하였다. 소크라테스는 철학을 몸소 실천한 사람이었다. 다시 말하면 지행의 합일설을 보여 준 사람이었다. 소크라테스는 아테네의 청년들을 선동하여 사회를 혼란시켰다는 죄목으로 사형선고를 받았다. 주변사람들은 소크라테스가 죄가 없다는 것을 알고 있었다. 그들은 소크라테스에게 법정에서 무죄임을 주장하라고 권했다. 그러나 그는 악법도 법이다. 만일 내가 법을 어기면 아테네 시민 모두가 법을 어길 것이다. 따라서 악법도 법이기 때문에 지켜야 한다고 주장했다.

소크라테스를 우리는 철인이라고 부른다.

반면에 소크라테스의 제자인 플라톤Platōn은 소크라테스와의 대화를 통해서 얻은 지식을 논리적으로 전개하여 철학적 사고를 가지도록 학문적으로 증명한 위인이었다. 플라톤은 인간 존재의 불안전을 극복하기 위해서 완전한 형상인 이데아idea를 통해서 불완전성을 극복해 나가고자 한 인물이었다.

따라서 플라톤은 철학자라고 부른다.

"인간은 존재 자체가 불완전한 존재이다."라는 명제를 가지고 인간의 모든 역사와 철학은 시작되었다.

만약 인간이 신과 같이 완전한 존재라면 현재나 과거와 미래를 통해서 지구상에서 자신이 존재할 필요가 있겠는가.

인간은 누구나 다 불완전한 존재라는 운명을 타고 났다. 불완전의 존재는 인간이 자신이 의식적으로나 무의식적으로 느끼게 만든다.

인간은 무의식의 세계를 통해서 불완전성을 극복하기 위해 본능적인 차원에서 노력을 한다. 무의식의 세계를 통해서 인간은 자신의 불완전성을 극복해 나가려고 노력한다. 심리철학의 석학 칼 융Carl Jung은 인간심리에서 인간은 자신과 상반되는 것을 소유한 사람을 좋아한다는 이론을 제기하고 있다. 융은 정신분석학자이자 의사인 거장 프로이트Freud의 제자이다.

융은 꿈과 연관 시켜서 인간은 종족보존을 위해서 키가 큰 여성은 키가 작은 남성을 좋아하고 외형적 성격의 남성은 내성적 성격의 여성을 좋아한다고 했다 남성과 여성의 이성간에는 서로 다른 성향을 가진 것을 선호하고 좋아하며 자석이 음과 양이 서로 끌어당기듯이 인간도 여성과 남성은 서로 다른 특성을 가진 사람을 좋아한다는 이론이다.

융의 이론은 동시성이다.

동시성은 서로는 서로로 연결되어 있다는 것이다. 인간은 인생으로부터 도전을 받고 있다는 이론이다.

융의 인간 심리분석에 의하면 인간은 매일 매일 무엇을 해야 하는지를 생각하는 것보다도 자신이 매일 무엇을 해 왔는지에 대해서 구속을 당하고 억압 속에서 살아가고 있다는 것이다. 매일 매일은 전체와 연관을 가지고서 억압과 구속을 요구하고 있다는 것이다.

융의 이론과 마찬가지로 인간은 존재가 불완전하기 때문에 무의적 사고와 의식적 사고의 이원화된 사고 속에서 살아가고 있다. 이원화된 사고를 일원적 차원의 사고로 일치시켜 나가는 것이 철학적 사고이다.

염세주의 철학자 쇼펜하우어Schopenhauer는 인간의 욕심은 한이 없다. 이것은 바닷물을 마시는 것과 같다. 바닷물은 마시면 마실수록 더 갈증을 느낀다. 인간의 욕망은 가지면 가질수록 더 많이 가지고 싶어 하는 본능을 가지고 있다.

사회 계약론자이자 사상가인 토마스 홉스Thomas Hobbes는 인간은 자연 상태에서는 만인의 만인에 대한 적이다. 라고 표현하고 있다. 이 말은 99개를 가진 인간은 1개를 가진 인간보다 더 많이 가지고 싶어 하는 욕망이 더욱 강하다. 따라서 99개를 가진 인간은 1개를 가지고 겨우 목숨을 부지해 나가는 인간에게 1개마저도 빼앗아서 100개를 채우고 싶어 하는 욕망을 가지고 있다.

칼 융이나 쇼펜하우어와 토마스 홉스가 주장하는 인간의 심리는 무의식 속에서 인간존재의 불완전성을 완전하게 하려고 행동을 하려는 의도를 가지고 있다는 것이다.

그러나 인간은 철학을 통해 의식세계에서는 불완전성을 극복하는 방법을 배우게 된다.

무의식적으로 인간은 남이 가지고 있는 물건이 탐이 나서 훔치고 싶어 한다. 그러나 의식은 남의 물건을 훔쳐서는 안 된다는 것을 알려준다. 인간은 철학적 사고를 통해서 이 문제를 어떻게 하는 것이 가장 현명한 방법인가를 터득하게 된다.

따라서 철학적 사고는 인간이 의식과 무의식 세계를 일치시켜 나가기 위해서 인간에게 논리적 사고와 깊이 있는 사고력, 비판과 판단력과 동시에 일부와 전체의 조화를 동시에 볼 수 있는 사고를 의미한다.

철학적 사고를 배우고 그대로 실행하는 경우 인간은 행복과 성공을 발견할 수 있다.

과거 인류의 역사에서 위대한 철학자와 사상가들은 인간존재의 불완전을 극복하기 위해서 철학을 하였다. 고대 그리스 시대부터 현재에 이르기까지 철학자들이 어떻게 인간의 불완전성을 극복하기 위해서 무의식과 의식의 일치를 통한 행동을 통해서 인간의 훌륭한 인격 도야를 추구하고자 하였다.

위대한 철학자들의 사고를 이해할 때 인간은 현재의 생활에 만족을 하게 된다. 이러한 인간의 만족성은 인간을 행복으로 이끈다. 이러한 인간의 행복감은 인간을 매사에 긍정적인 사고를 가지도록 한다.

긍정적인 사고는 인간의 생활에 열정을 불러일으킨다. 이러한 열정은 다른 사람에게도 열정을 불어넣어 준다. 다른 사람에게 열정을 불어넣을 수 있을 때 인간은 사회에서 리더로서 자리를 잡을 수 있다. 이렇게 리더로서 자리를 잡아 나갈 때 인간은 성공이 눈앞에 있는 것이다.

따라서 성공하는 사람 = 철학적 사고라는 등식이 성립될 수 있다.

철학적 사고를 바탕으로 한 인간은 성공할 수 있다는 등식이 성립되었다. 그러면 서양 철학사에서 철인과 철학자들은 인간의 성공을 위해서 어떠한 철학적 접근 방법을 택하였는가.

우선 철학과 수학과의 관계이다. 철학은 논리적인 사고의 수립을 목표로 한다. 다음으로 철학은 도덕과 윤리적 사고를 바탕으로 한다. 철학은 인간이 사회에서 지켜야 할 도덕성과 윤리성을 바탕으로 한다. 세 번째, 철학은 인간이 목표를 향해서 나갈 수 있도록 이상과 목표를 제공하고 있다. 네 번째, 철학은 인간의 존재에 의지와 행동을 부여한다. 다섯 번째, 철학은 인간의 존재에서 시간의 개념을 유한성에서 무한성으로 만든다.

철학은 인간의 현상을 본질을 통해서 규명하고자 한다. 철학은 인간이 가지고 있는 의식을 주관적 의도와 객관적 의도로 분류하여 본질을 규명하고자 한다. 인간의 본질 규명과 완전한 존재로의 전환을 제공한다.

철학의 논리적 전개를 위해서 고대 철학자들은 수학적 방법을 사용하였다.

고대 자연주의 시대의 사상가들은 우주의 자연의 근원인 우주에 대한 연구에서 밀레투스Miletus 학파, 헤라클레이토스Heracleitos 및 엘리아Elea 학파를 비롯한 초기의 자연주의 철학자들은 우주를 하나로 보는 일원론을 주장하였다. 반면 엠페도클레스Empedocles등 후기의 자연주의 사상가들은 우주의 구성요소를 여러 가지로 보는 다원론자들이었다. 다원론에서는 우주의 기본원소를 보다 과학적인 접근법을 사용하여 다각적으로 분석하고 있다.

초기의 자연주의 사상가들은 수학적 과학적 측면에서 우주를 해석하고 있다. 다원론자들은 생물학적, 화학적 입장에서 우주를 분석하고 있다.

피타고라스Pythagoras 학파를 창시하여 피타고라스 사후 그의 학파가 부활하여 신 피타고라스 학파가 만들어졌다. 또한 플라톤은 피타고라스 학파의 이론을 적용하여 그의 철학에 수학을 필수로 하였다.

피타고라스가 서양 철학에 기여한 큰 공헌은 수학과 철학을 연관시킨 점에 있다. 그는 수는 만물의 근원이며 우주는 숫자에 의해서 정연하게 지배된다고 하였다. 만물은 각각 고유의 특성을 가지고 있다. 그러나 만물이 가지고 있는 공통적인 성격과 근본적인 성격은 수이다.라는 것이 이 학파의 근본적인 사상이다. 이렇게 수로서 세계가 질서와 조화를 이루고 있기 때문에 이 세계를 코스모스cosmos라고 부른다.

"피타고라스는 직각 삼각형의 정리와 3각형의 내각이 2직각이다"라는 법칙을 비롯하여 유명한 피타고라스 정리 등 그가 수학에 기여한 공로는 크다.

피타고라스는 수학을 음악 · 천문학 · 의학과 관련시켜서 연구를 하였다. 특히 피타고라스는 수학을 음악과 관련시켜서 우주의 구조를 음악적 조화를 통해서 해석하였다.

피타고라스는 자연계뿐만 아니라 정신세계까지도 수로서 해석하려 하였다.

또한 원자론의 창시자인 레우키포스Leukipos를 들 수 있다. 레우키포스는 만물의 근원을 무한대의 원자론에 맞추었다. 그는 공간의 실제를 인정하므로 일관성 있는 운동 및 변화를 위한 기초를 마련하였다. 이 세상의 모든 만물은 원자와 원자가 활동할 수 있는 공간에 의해서 구성된다는데 근원을 두고 있다.

또한 그리스의 대 철학자 데모크리토스Democritus 역시 원자론을 주장하였다. 데모크리토스는 모든 물질은 공간이 있기 때문에 공간 속의 원자들이 서로 운동에 의한 결과에 의해서 사물의 현상이 기울어 진다는 것이다. 그는 원자론과 공간설을 윤리학과 관련시켜서 논함으로서 철학적인 차원에서나 자연과학에 미친 영향은 지대하다.

이와 같이 고대 그리스 철학자들이 우주에 대한 연구에서 알 수 있는 철학적인 사고는 모든 사물이 일정하고 무한대로 잘 정돈되어 있으며 특히 수학적으로 접근할 수 있도록 무한대로 정돈되어진 상태라는 것이다.

이와 같이 정돈된 상태의 우주에 접근하기 위해서는 수학적 논리가 필요하다는 사고이다. 후기 자연주의를 지나서 도시중심주의 철학을 대표하는 플라톤 역시 수학을 철학의 기본으로 삼았다. 철학과 수학과의 관계에서 수학이 철학의 근원이라는 사고로 철학이 출발하였다. 플라톤은 피타고라스 학파인 아르키타스Archytas를 만나서 수학이 철학의 근원이라고 믿었다.

근대로 넘어오면서 수학자들이 수학을 철학에 적용하여 논리를 전개하고자 하였다. 근대의 철학자 중에서 수학적 논리를 철학에 적용한 학자는 파스칼Pascal을 들 수 있다. 파스칼은 수학자로서 출발하여 인간의 철학적 문제를 수학을 적용하여 문제를 풀려고 하였다.

그러나 수학만으로서는 철학적 문제를 해결할 수 없다는 것을 알았다.

또한 데카르트Descartes 역시 수학자이었다. 그는 수학적 기본인 기하학을 적용하여 철학적으로 접근해 보려고 하였다. 현대의 철학자들 중 버트런드 러셀Bertrand Russell은 수학자로서 출발하여 수학으로 해결할 수 있는 규칙적인 단계를 철학에 적용해 보려고 노력을 하였다.

그러면 왜 철학은 수학과 연관성을 가지고서 철학을 하는데 연계성을 가지고 있는가.

수학은 단지 산수의 단계인 초급단계의 계산을 넘어서 부터는 무한대의 숫자는 일정한 규칙과 법칙에 의해서 일렬로 정렬된다. 따라서 우리가 수 억 년 동안 계산해도 풀어내기 힘든 숫자도 철학적인 사고를 가지고 접근을 하면 순식간에 그 원리를 알아내어서 그 값을 추측으로 알아낼 수 있는 것이다.

예를 들면 수열의 법칙을 알아낸 가우스Gauss 역시 철학적인 논리를 바탕으로 하여 쉽게 답을 찾아내었다. 가우스의 법칙은 결국 철학적인 논리로 연결되어진다. 수의 나열은 무한대의 법칙을 통해서 쉽게 해답을 얻어낼 수 있다.

수학자들은 기하학자이건 대수학자들이건 간에 고차원적으로 올라가면 갈수록 수의 개념은 철학적 사고로 이어진다. 왜냐하면 인간이 머리로 계산을 할 수 있는 단계는 제한되어 있기 때문이다.

따라서 철학은 수학을 통해서 논리성과 규칙성을 배운 후에 수학을 접하는 경우 보다 철학에 논리적인 사고로 접근을 할 수 있는 것이다.

특히 사고의 의식과 개념의 정립에는 수학을 바탕으로 한 논리성이 필요하기 때문이다.

제 3 장

성공을 위해서 철학을 어떻게 접목시켜 나가야 하는가

인류가 지구상에 창조된 이래 철학은 시작되었다. 거시적인 차원에서 보면 인간은 자신이 터득한 지식을 간직하고 그 지식을 지혜롭게 활용하여 보다 행복한 생활을 영위해 나가는 것이 철학을 하는 것이다.

따라서 철학을 통해서 인간은 보다 합리적인 인간으로 변하게 되는 것이다.

철학을 통해서 어떤 사안에 대해서는 보다 깊이 있게 생각하고 논리적인 사고를 바탕으로 사물을 바라보고 체계적이고 비판적으로 사고하는 능력을 키우는 것이다.

인간사회에서 항상 선만을 추구하고 악에 대해서 반

대를 하는 사람이 불량하고 악을 추구하는 사람보다 항상 더 많은 부귀와 영화를 누릴 수 있다고는 볼 수 없다.

경우에 따라서는 악인이 선인보다 사회에서 더 많이 성공하는 경우가 있다. 다시 말하면 철학에 의한 선을 추구해 나가면서 도덕적 행위를 하는 사람이 그렇지 않은 사람보다 항상 더 행복하다고는 말할 수 없다.

이것은 인간사회가 존재하는 한 항상 존재하는 불합리성이다. 철학적인 사고를 가지고 윤리와 도덕에 의해서 행동하는 사람보다 준칙과 도덕률을 위반하는 행위를 거침없이 행하면서 부와 복을 누리는 사람은 반드시 벌을 받도록 하여야 한다는 것이다. 법에 의해서 그들은 당연히 죄 값을 치러야 한다. 그러나 법은 인간이 만들어 놓은 허점이 많은 규율에 불과하다. 따라서 악인들은 인간이 만들어 놓은 법망을 교묘히 빠져 나간다.

인간사회의 합리성이 불합리성을 완전히 극복하지 못하는 원인은 어디에 있는가.

여기에 대해서 철학자들 사이에 현재까지 논쟁의 대상이 되고 있다.

플라톤의 이상주의 국가에서는 이성을 가진 철인이

실정법 위에 군림하도록 하고 있다. 그러나 플라톤의 현실국가에서는 실정법에 의한 적용을 강조하고 있다. 플라톤이 인간이 만든 법보다 이성을 가지고 있는 철인을 더욱 중요시한 것은 철인을 완전한 인간으로서 철인은 인간의 불완전성을 극복한 사람으로 간주하고 있기 때문이다.

그러면 도덕주의자인 칸트Kant는 이 문제를 어떻게 극복하려고 노력하는가.

칸트는 현실세계에서는 자신의 도덕철학이 모순에 빠질 가능성을 이해하고 있다. 현실세계에서는 선인이 불행하게 되며 악인이 부귀와 영화를 누릴 수 있는 가능성이 있다는 것이다. 칸트는 이 문제를 극복하기 위해서 최고선을 도입하였다.

최고선이란 덕과 복이 일치하는 상태인 것이다. 다시 말하면 최고선이란 덕과 복이 일치하는 상태를 말하며 도덕률에 따르는 사람이 행복을 누리기 위해서는 신의 존재를 도입하고 있다.

합리적인 도덕의 구현을 위해서 불완전한 인간은 완전한 존재인 신에 의존해서 신이 합리적인 판단을 내리도록 하고 있다. 다시 말하면 칸트의 실천이성의 요청을 위해서 신의 존재를 인정하고 있는 것이다. 따라서 칸트는 영혼 불멸설에 의존하여 그가 주장하는 도덕성을 강조해 나가는 것이다. 초인적인 힘을 가진 신이 옳고 그름을 판단하여 악인에게는 죽은 후에라도 벌을 내린다는 것이 칸트의 주장이다.

철학이 철학으로서 제구실을 하지 못한 원인은 어디에 있는가.

고대 그리스 시대에 자연주의 철학의 후반기에 나타난 소피스트sophist들은 이론적인 학문을 떠나서 현실적인 성공을 목표로 젊은이들을 가르쳤다. 비록 소피스트는 아니지만 고대 그리스 시대의 플라톤은 그의 대표작인 국가라고 부르는 공화국을 가르친 목표는 젊은이들이 아카데미에만 머물지 말고 현실정치에 참여하고 사회에서 성공하도록 철학을 가르친 목표를 세웠다.

플라톤과 거의 같은 시대에 출현한 소피스트들은 돈을 받고서 젊은이들을 가르쳤다. 소피스트란 말은 바로 현인 즉 지혜로운 사람으로서 많은 지식을 가진 지식인을 의미한다.

소크라테스는 소피스트들이 활동하던 시대의 사람이기는 하지만 그가 소피스트들과 구별하는 원인은 소크라테스는 돈을 받지 않고서 아테네의 젊은이들을 가르쳤다. 프랑스의 유명 여배우 소피 마르소나 이태리 전설적 여배우 소피아 로렌의 이름은 소피스트들로부터 따온 이름이다. 그들은 겉으로의 아름다움은 가지고 있다. 그러나 지성의 미를 가지기 위해 고대 현인들의 이름을 모방한 것이다.

소피스트들이 젊은이들에게 가르친 과목은 상술과 표현력인 현대로 말하자면 프리젠테이션을 가르쳤다. 장사를 하는 기술을 가르치는 과정에서 소피스트들은 인간이 살아가면서 가장 중요한 것은 돈이라는 개념에 대해서 가르쳤다.

현대 조직에서 점차적으로 비중을 더해가고 있는 프리젠테이션은 자신이 가지고 있는 지식을 논리적으로 발표하는 기술을 가르쳤다.

소피스트들의 사상은 현대 전 세계에 성공모델을 심어주고 있는 미국철학의 중요한 부분을 차지하고 있다.

로마 이래로 인류 역사상 세계 최강국인 미국은 현재 전 세계에 미국식 성공모델을 심어나가고 있다.

낭만주의 시인 윌리엄 워즈워스William Wordsworth의 시의 "어린이는 어른의 아버지"라는 말을 그대로 실행하고 있는 미국의 철학은 소피스트들이 수 천 년 전 그리스에서 실행했던 바로 그 사상을 모태로 하고 있다.

1618년 독일 신성로마제국에서 시작된 30년 종교전쟁은 인류역사에 두 개의 큰 물줄기를 탄생시킨다.

한줄기는 신성로마제국 붕괴와 함께 정식으로 탄생한 근대 유럽 국가들이다. 다른 한줄기는 2년 후인 1620년 현재 세계 패권국인 미국의 조상인 102명의 필그림 파더스pilgrim fathers 즉 청교도들의 이주로 미국이 탄생하게 된 역사를 이루어 낸 것이다.

미국인들은 하느님이 가장 사랑하는 천사 라파엘을 통해서 눈먼 장님 시인 밀턴Milton에게 지상의 낙원이 존재하는 곳을 가르쳐 주었다. 그러나 눈먼 장님 밀턴은 그것을 잘못 받아 적어서 지상에 낙원은 존재하지 않는다는 실낙원을 지었다.

미국인들은 유럽인들이 1000년 간 가지고 있던 수도사문화를 헌신짝 버리듯이 버리고서 하느님께서 밀턴에게 잘못 가르쳐준 낙원은 바로 신천지 땅 미국이라고 믿었다.

미국인들이 유럽에서 아메리카 대륙으로 넘어오면서 가지고 온 사상이 바로 그리스 시대 소피스트들의 사상을 대표하는 프로타고라스Protagoras의 만물의 척도는 인간이다라는 말과 존 로크John Locke의 개인주의적 자유정신이었다.

미국인들의 정신은 바로 그리스 시대의 소피스트들의 사상을 모태로 하고 있다. 미국인들이 만들어낸 철학은 바로 실용주의인 것이다. 현재 미국인들과 유럽인들의 철학의 차이는 바로 미국의 실용주의, 영국의 경험주의 및 독일의 관념주의로서 구별을 할 수 있다.

미국의 실용주의는 미국의 형제국이자 미국의 식민국이던 영국의 경험주의 역시 미국 실용주의 사상의 형성에 지대한 영향을 줌과 동시에 실용주의의 기초를 이루고 있다.

퍼스Peirce에서 시작되어서 윌리엄 제임스William James와 존 듀이John Dewey에서 완성을 본 미국의 실용주의 철학은 현재 미국이 세계 패권국이 되는 정신적인 역할을 하였다.

미국인들은 자신들이 유럽인들과는 다르게 하느님으로부터 축복받은 사람이라고 생각하는 예외주의와 우월주의를 가지고 있다. 미국인들은 하느님으로부터 받은 축복을 유지하기 위해서 두 가지 의무를 실행하기 위해서 노력하고 있다.

첫 번째 그들은 전 세계에 미국식 성공모델인 언덕 위의 도성을 쌓는 일이다. 두 번째는 미국인들은 전 세계에 자유를 심는 일이다.

미국이 전 세계의 패권국이 되어서 성공하기에는 그들이 물질을 중시하는 실용주의 사상이 크게 작용을 하고 있다. 실용주의란 영국의 경험주의에서 한 단계 진보한 사상이라고 보면 된다. 철학을 하더라도 돈과 관련된 쪽의 철학을 하여야 한다는 것이 실용주의 철학이라고 보면 된다.

학문을 하는데 있어 독일과 같은 나라는 기초학문인 관념주의에 치중한다. 그러나 미국은 학문분야에서도 기초분야 보다는 돈과 관련되고 실지로 응용해서 실생활과 관련된 학문에 치중을 한다. 예를 들면 돈과 관련이 없는 물리학보다는 응용과학인 전자공학에 더욱 비중을 두고 우수한 학생들이 몰려든다.

미국이 현재 세계 최강국으로 성공한 원인은 바로 실용주의 철학이 하부 구조를 이루고 있기 때문이다. 유럽대륙의 철학에서는 돈과 거리를 두고서 순수하고 깨끗한 철학에 인간의 필요악인 돈을 집어넣은 미국의 실용철학을 비난하고 저질스럽게 여겼다.

미국 실용철학은 미국인들이 유럽으로부터 건너와서 유럽 전체 크기만한 신천지 대륙을 개척해 나가는 과정에서 만들어낸 개척정신인 프런티어가 중요한 요소를 차지하고 있다. 미국의 프런티어는 유럽인들이 생각하는 프런티어와는 다른 개척정신인 것이다.

따라서 미국 철학인 실용철학은 대륙철학과는 완전히 다른 철학이다. 또한 미국인들이 모태로 한 영국의 철학과는 영미철학이라는 큰 테두리에서는 같은 맥락에서 이해를 한다. 그러나 엄밀하게 따지면 미국철학은 영국의 철학과도 다르다.

독일과 프랑스가 중심이 된 대륙철학은 부정에서 시작해서 끝까지 부정을 주장하다가 마지막에는 긍정으로 돌아서는 것이 대륙철학이다. 반면에 영미철학은 부정에서 시작해서 끝까지 부정을 주장하다가 긍정으로 돌아서지 않고서 부정으로 끝나는 것이 바로 영미철학이다.

현재 세계에서 가장 성공했다고 자부하면서 우월주의와 예외주의를 바탕으로 한 미국인들과 오랜 전통을 가진 그리스와 로마 문명을 하부 구조로 한 유럽인들의 사고와 철학의 차이는 어디에 있는가. 또한 왜 오랜 역사와 문화유산과 전통 철학을 가진 유럽인들이 이제 불과 이백년을 갓 넘은 미국인들에게 지배를 당하는 원인은 어디에서 찾을 수 있을까.

미국인들이 가지고 있는 의식구조는 유럽인들과 다른 몇 가지를 사고를 가지고 있다.

첫 번째, 유럽인들은 고뇌하는 사고를 가지고 있다. 다시 말하면 유럽인들은 소극적이고 수동적인 사고를 바탕으로 하고 있다. 반면에 미국인들은 그들이 인디언들과 싸우는 과정에서 얻은 적극적이고 능동적인 사고를 바탕으로 행동한다. 따라서 유럽인들은 어떤 행동에 돌입하기 전에 많이 망설인다. 그러나 미국인들은 사고보다는 행동이 앞선다.

두 번째, 미국인들은 유럽인들보다 개인주의 정신을 바탕으로 하고 있다. 천 년 간 계속된 유럽인들은 신과 자신과 주종관계를 이루면서 주변 환경에 크게 의존한다. 미국인들은 주변 환경 보다는 자기 스스로의 환경에 의존하는 사고를 가지고 있다.

세 번째, 미국인들은 정신보다는 물질을 중시하는 지나친 물질중시의 사고를 바탕으로 하고 있다. 반면 유럽인들은 물질보다는 정신을 중시하는 전통사상을 중시한다. 물론 유럽인들도 물질을 중시하기는 하지만 미국만큼 물질을 중시 하지는 않는다.

네 번째, 미국의 실용주의는 다윈Darwin의 진화론에 근거를 두고 있다. 미국인들은 자신들의 등받이인 유럽 문화의 단절부터 시작하고 있다. 미국인들은 전통을 중시하지 않는다. 단지 그들은 필요하면 적용하고 필요하지 않으면 없애 버리는 다윈의 용불용설을 다능하게 적용하고 있다. 이것은 미국인들이 개척기에 원주민들과 자연과 싸우면서 그들만이 터득해 낸 사고인 것이다.

다섯 번째는 고대 그리스 시대의 소피스트들이 가지고 있던 돈을 중시하는 경향과 프로타고라스의 '만물의 척도는 인간이다'라는 각자에 맞도록 적용하는 합리주의적 사고를 들 수가 있다. 각자를 각자에 맞도록 하는 주관적인 사고는 현재 미국을 세계 최강국으로 만들었다.

미국은 다문화와 다인종이 모여서 소위 멜팅 팟melting pot으로 이루어져 있다. 이러한 복잡함 속에서 단일 문화와 단일 민족보다 더욱 발전하고 성공하는 원인이 바로 각자에 맞는 주관주의를 인정하고 적용해 나가기 때문이다. 따라서 흑인에 대해서는 흑인에 맞는 동양인에게는 동양인에 맞도록 백인은 백인에 맞도록 하면서 전체적으로는 조화와 균형을 이루는 소위 프로타고라스의 인간은 만물의 척도라는 주관적인 유연성 때문이다.

이상에서 우리는 인류역사상 로마 이래로 최강대국 미국인들이 그토록 짧은 시간에 성공한 근본적인 요소를 분석해 볼 수가 있다.

미국인들의 성공을 이루어낸 실용주의 철학에서 알 수 있는 것은 긍정적이고 적극적인 사고, 프런티어 정신을 바탕으로 한 열정, 개척과정에서 그들이 만들어낸 도전정신, 모험심, 과거 전통과의 차단, 프로타고라스의 주관주의적 유연성 등을 들 수 있다.

현대인들은 과거 수 천 년 전 그리스 도시국가 시대보다는 더욱 복잡하게 생활하고 있다고 누구나 그렇게 느끼고 있다. 사실상 소크라테스나 플라톤이 활동하던 그리스 도시국가 시대의 인구는 약 20만 정도로 도시들이 하나의 국가에 해당하는 작은 규모의 국가에 불과하다. 그러나 그 당시나 현재나 상황은 마찬가지인 것이다.

인간사회에서 역사학자 토인비Toynbee의 말과 같이 역사는 그 자체를 되풀이 한다고 한다. 또한 인류의 역사는 도전과 응전의 역사인 것이다.

이러한 역사는 인간이 지구상에서 태어난 원시시대부터 수 만 년후에 까지 계속해서 되풀이 될 것이다. 역사학자이자 국제정치학자인 에드워드 카Edward Carr는 현재와 과거의 역사를 보면 미래의 역사를 알 수 있다고 한다.

사실상 인류의 역사를 하나의 모델을 만들어서 적용해 보면 그 해답을 알 수가 있는 것이다. 바로 역사학자 토인비의 도전과 응전의 연속과 그 자체의 되풀이 인 것이다.

철학이 인간사회에 미치는 영향은 현대에는 그 비중이 많이 감퇴된 것처럼 보인다. 특히 20세기 후반부터 미국이 주도권을 잡으면서 실용주의 학문인 경영학이나 공학과 의학과 약학 등 돈벌이와 관련된 학문에 밀려난 것처럼 보인다. 그러나 최근 미국 발 경제위기가 찾아오면서 그 원인규명을 형이상학을 무시하고 거품경제에만 치중한 미국인들은 점차적으로 반성을 하고 있다.

인간 사회의 성공을 위해서는 형이상학과 형이하학이 동시에 발전을 하여야 한다.

이미 60년대에 독일 프랑크푸르트frankfurt 학파이면서 미국에 이주한 대 사상가 허버트 마르쿠제Herbert Marcuse는 미국의 풍요속의 빈곤을 위험한 요소로 바라보았다. 물질적으로만 풍요로우면서 정신적으로 황폐한 미국인들은 이제 미국 발 경제위기를 맞고 있다.

물론 인간사회에서 경제동향도 주기에 맞추어서 호황기와 불황을 맞이하고 또다시 불황과 호황을 거듭하면서 인간의 역사는 진행되기는 한다. 그러나 이번 경제침체는 미국이 유럽인들보다 가벼운 금융정책에만 치중하는 거품경제가 됨으로써 문제가 생긴 것이다.

미국인들이 유럽인이나 다른 나라의 사람들보다 성공한 원인은 다시 분석하면 긍정적인 사고와 적극적인 사고, 모험심과 도전정신, 기독교를 바탕으로 한 사랑, 주관주의적 유연성, 과거전통에 얽매이지 않고 과거와의 차단성, 강인한 의지력 등을 들 수 있다.

긍정적인 사고와 부정적인 사고는 엄청난 차이를 가져온다. 현재 세계 10대 기업에 들어는 다국적 기업인 모회사가 중소기업이었을 때 신입사원을 모집하면서 사장이 응시자들에게 면접에서 "당신은 운이 있는 사람이라고 생각하십니까? 아니면 당신은 운이 없는 사람이라고 생각하십니까?"라고 물어 보고서 응시자가 자신은 실력은 없는데도 항상 운이 따라서 일이 잘 되어 간다고 대답을 하는 사람을 채용하였다.

그들과 함께 일을 한 결과 10년 후에 그 회사는 엄청나게 성장하여 중소기업에서 세계최고의 다국적 기업으로 성장을 하였다. 이런 면에서 볼 때 인간이 가지고 있는 긍정적인 사고가 얼마나 중요한가를 알 수 있다. 철학의 가장 중요한 과제도 인간의 불완전을 극복하는 방안을 찾는 일이다.

그리스 신화에서 나온 피그말리온Pygmalion 효과라는 말이 있다. 피그말리온이라는 바닷가에 사는 한 어부가 자신이 바라는 가장 이상적인 여인의 조각상을 만들고 매일 그 여인을 쓰다듬어 자신의 아내가 되라고 정성을 들인 결과 어느 날 그 조각상에서 따뜻한 체온을 느끼면서 그 여인이 바로 사람이 되도록 신이 도와주었다는 신화가 있다.

이와 같이 자신이 긍정적인 사고를 가지고 있을 때 인생에서 성공의 가능성은 가까워지는 것이다.

반면에 부정적인 사고를 가지고 있는 사람은 성공의 가능성이 희박하다. 머피의 법칙에서처럼 매사를 부정적으로 바라보는 사람은 성공으로부터 점점 더 거리가 멀어진다.

미국 작가 오 헨리O. Henry의 소설 〈마지막 잎새〉에서 불치병을 앓고 있는 한 소녀는 마지막 담장이 잎이 떨어지면 자신은 죽는다는 생각을 가지고 죽는 날만 기다린다. 이것을 알아차린 이웃집 아저씨가 마지막 한 잎이 남은 잎새가 떨어지는 날 밤에 몰래 집 담에 올라가서 나뭇잎을 그려 놓고 내려온다. 소녀는 마지막 나뭇잎이 바람에 떨어지지 않고 그대로 있는 것을 보고서 자신의 병도 고칠 수 있다는 긍정적인 사고로 변하게 된다. 결국 불치병을 앓던 그 소녀는 병을 완치하게 된다.

미국인들은 유럽에서 미국으로 옮겨 오면서 두개의 크고 작은 소망을 가지고 있다. 미국인들이 가지고 있는 큰 소망은 라스베가스에서 카지노로 한탕 큰 행운을 얻는 일이다. 두 번째는 디즈니랜드의 트레이드 마크인 미키마우스 즉 쥐가 고양이를 이기는 작은 소망이다. 따라서 미국인들이 유럽인들보다 더 성공을 한 원인이 바로 열린사회에서 누구나 다 성공할 수 있는 아메리칸 드림을 가지고 있기 때문이다.

미국 역사이래로 처음으로 흑인 대통령이 탄생하였다. 백인이 75%에 해당하는 미국사회에 노예 출신의 흑인 대통령이 탄생하였다는 것은 미국인들의 긍정적인 사고를 잘 나타내고 있다.

미국인들의 성공은 모험심과 도전정신이 상당히 중요한 역할을 하고 있다.

철학적 관점에서 볼 때 성공하는 사람에게 중요한 3대 요소를 모험심과 모티베이션 즉 계기와 운을 들고 있다.

성공을 위해서는 가장 중요한 요소는 도전정신인 것이다. 도전하고 모험하는 일에는 위험부담이 따른다. 현재 미국의 스탠포드대학의 실리콘벨리에는 30대 초의 백만장자가 수두룩하다. 그들은 도전정신으로 벤처기업을 창업하여 성공을 하였다. 벤처기업이라는 말은 영어로 Adventure 즉 모험이라는 용어에서 나온 단어이다. 벤처기업은 돛단배가 돛을 달고서 엄청나게 높고 험한 파도에 달랑거리면서 파도를 겨우 넘어나가는 아슬 아슬한 모험을 감행하는 것이다. 벤처기업의 95%는 망한다. 그러나 그들이 위험에 굴하지 않고서 강인한 의지를 가지고 밀고 나가면 반드시 성공을 한다.

미국인들의 성공 비결은 동부에서 서부로 개척해 나가는 과정에서 자연과 싸우면서 길러온 강인한 의지력이 역시 중요한 요소이다. 유럽인들은 자연과 싸우면서 개척을 한 경험이 없기 때문에 미국인들만큼 의지력이 강하지 못하다.

염세주의 철학자 쇼펜하우어로부터 허무주의를 창안한 니체는 인간에게 필요한 것은 강한 의지를 소유한 초인이 되어야 한다는 주장을 하였다. 니체에게 허무주의를 심어준 쇼펜하우어 역시 인생을 성실하고 열심히 산 철학자였다. 목사의 아들이자 전통적인 종교인 집안의 아들인 니체는 왜 차라투스트라의 입을 빌려서 왜 신은 죽었다고 하였는가.

니체는 인간이 신에게 의존하고 신 중심 사회를 만든 원인을 어디에서 발견하였는가.

니체는 인간존재의 나약성을 의지의 결여에서 찾았다. 따라서 인간은 하늘보다는 땅에 충실하여야 하며 신 중심에서 인간중심의 사고의 필연성을 강조하고 있다. 인간은 신을 대신하여 강한 의지를 소유한 초인이 되어야 한다는 것이다.

목사의 아들인 니체가 기독교가 인간의 성공에 피해

가 된다는 사고는 마르크스 사상에서 잘 나타나고 있다. 마르크스Marx는 공산주의 사회에서 종교를 금지시키고 있다. 마르크스는 종교는 인간사회에서 마약과 같으며 아편을 맞아서 사회의 현실문제에 직면하는 고통을 피하기 위해서 종교를 믿는다고 본다. 따라서 공산주의 사회에서는 종교는 금지 되었다.

그러면 현재 미국인들이 성공하는데 종교는 기여를 했는가 아니면 기여를 하지 못했는가.

미국을 창조한 초기 선조들이 가지고 있던 종교인 청교도는 정통 로마교회에서 벗어난 칼뱅Calvin파에 속한다. 초기의 황무지를 옥토로 만들기 위해서 그들의 정신적 지주이자 하부구조를 이루고있던 청교도는 미국인들에게 종교인과 같은 엄격한 금욕생활을 요구하였다. 초기 그들에게 요구한 것은 물질보다는 정신을 바탕으로 한 사회를 요구하였다. 미국의 셰익스피어Shakespeare에 해당하는 나다니엘 호손Nathaniel Hawthorne의 《주홍글씨》는 바로 초기 미국인들의 금욕정신을 잘 나타내고 있다.

따라서 초기부터 미국인들은 종교에 의존하면서 살았다. 이민자의 수가 늘어나고 흑인과 멕시칸과 동양인

등 다양한 인종이 몰려들면서 미국사회를 하나로 묶어주는 정신적인 지주가 필요하였다. 이러한 정신적인 지주는 바로 기독교였다. 따라서 기독교는 미국의 정치 · 경제 · 사회 · 문화 등 모든 상부구조의 위에서 미국인들을 하나로 묶어주는 공민교 역할을 하고 있다.

미국인들은 하느님 앞에서는 하나가 되었다. 그들은 어려운 일이 일어나면 공민교인 기독교를 중심으로 뭉쳤다. 따라서 현재 미국을 분열시키지 않고 하나로 만드는 역할을 하는 것은 바로 기독교인 것이다.

이러한 기독교 정신을 바탕으로 한 미국인들의 정신은 사랑을 바탕으로 하고 있다. 기독교의 기본정신인 사랑과 용서는 미국의 문화를 전파하는 할리우드 영화에서 잘 나타나고 있다.

할리우드 영화에는 마지막에는 아무리 악인이라도 사랑과 용서로서 문제를 해결한다. 결국 미국인들은 누구나 하느님 앞에서는 하나가 되는 것이다.

성공을 위해서는 과거의 전통에 얽매여서는 안 된다는 것을 미국을 통해서 잘 이해할 수 있다.

영국의 극작가 찰스 디킨스Charles Dickens는 미국을 전통과 문화가 없는 상놈이라고 욕하였다. 미국은 유럽으로부터 넘어오면서 유럽과의 단절을 선언하였다. 특히 정치 외교적인 차원에서 유럽과의 단절은 미국 초대 대통령 워싱턴이 그의 고별 연설에서 잘 나타나고 있다. 그후 미국의 5대 대통령 제임스 먼로James Monroe는 먼로 선언을 통해서 미국의 고립 정책을 추진해 나갔다. 물론 미국 문화의 중심인 와스프WASP 문화는 영국문화를 토대로 하기는 하지만 미국은 가능하면 독자적인 문화를 형성하려고 노력을 하였다.

과거와의 단절은 인간사회에서 성공을 위해서는 항상 필요하다. 과거와 단절을 통해서 인간은 새로운 방향으로 진로를 추구해 나가야만 한다.

제 4 장
철학은 도전적 사고를 먹고 자란다

역사학자 토인비의 말과 같이 인류의 역사는 도전과 응전의 역사의 연속이라고 규정할 수 있다. 이 말은 기존의 것으로부터의 탈피를 의미한다. 기존에 있던 것으로부터의 부정에서 시작에서 새로운 시각에서 도전을 하는 것이다.

새로운 도전을 위해서는 기존의 사고를 부정하는 시각에서 출발을 하여야 한다.

인간은 의식과 무의식 속에서 자기 스스로를 바라볼 수 있는 자아의식과 자신을 바라보지 못하는 무의식으로 구분된다.

인간의 발전의 원동력은 무의식에서 출발하고 있다.

인간이 스스로를 의식하지 못하는 무의식 속에서 인간은 자신이 불완전하다는 사고를 가지게 된다.

의식과 무의식 사이에서 인간의 무의식은 불완전성을 함유하고 있다. 의식은 완전성을 내포하고 있다. 인간은 무의식적으로 불완전을 극복하고자 하는 본능에 사로잡혀 있다. 무의식 속에서 불완전을 극복하기 위해서 인간은 완전을 향해 끊임없이 변화를 추구해 나가고 있다. 이러한 변화의 추구는 인간이 발전할 수 있는 원동력을 제공하고 있다.

인간의 존재는 두 가지 자아 형상으로 구성되어져 있다. 하나는 무의식 세계인 불완전의 자아 형상이다. 다른 하나는 의식의 세계인 완전의 자아 형상이다. 무의식 속에서 불완전한 인간은 완전을 향해서 끊임없는 변화를 추구해 나간다.

완전을 향해서 달리는 변화의 연속이 개인의 역사라고 규정할 수 있다. 이러한 개인의 역사가 모여서 전체를 이룰 때 인류의 역사인 것이다. 따라서 인간의 역사란 불완전한 인간이 무의식적으로 불완전에서 벗어나기 위해서 변화를 추구해 나가는 과정의 연속이라고 규정지을 수 있다.

인간은 존재의 불완전성을 극복해 나가는 과정을 역사라고 규정한다. 불완전성을 극복하기 위해서 인간은 기존에 있던 사고에 대응해서 새로운 도전을 계속해 나가고 있다.

새로운 도전이란 무엇을 의미하는가.

형이상학적 차원에서는 정신적인 면에서 기존에 있던 것이 대한 완전한 부정적 사고로 변화를 추구하는 것을 의미한다.

형이하학적 차원에서는 물질적인 차원에서의 완전한 부정을 의미하며 사회체제의 부정을 의미한다.

이러한 형이하학과 형이상학 두 개의 사고가 합쳐져서 거대한 역사의 변화를 가져올 때 혁명이라고 한다.

인류의 역사와 개인의 역사는 보이지 않는 잔잔한 혁명을 지속적으로 추구해 나가고 있다.

개인은 스스로의 변화를 통해서 작은 혁명을 하고 있는 것이다. 반면에 국가나 단체는 개인들의 변화를 통한 작은 혁명을 하고 그 개인들의 작은 혁명이 모여서 큰 변화인 혁명으로 이어지고 있는 것이다.

좀 더 깊이 연관시켜 보면 인간이 가지고 있는 무의식 속의 불완전이 인간의 완전성을 요구하는 의식의 혁명을 초래하게 된다. 왜냐하면 인간은 본능적으로 완전해지려는 욕망으로 가득 차 있기 때문이다.

이러한 인간의 의식혁명을 통해서 인간의 역사는 발전을 하고 자라게 된다.

의식혁명의 원동력은 어디서 나오는가.

인간의 의식혁명의 원동력을 만드는 것은 인간의 행동인 것이다. 인간은 행동을 통해서 의식혁명을 일으키고 그 혁명의 목적을 달성하게 된다.

그러면 인간의 의식혁명의 변화를 주도하는 행동의 원천은 어디서 나오는가.

인간의 행동은 선천적인 의식과 후천적인 의지에 의해서 나타난다. 선천적인 의식은 인간은 의식적으로 행동의 필요성을 느끼게 된다. 인간은 의식적으로 선천적인 행동을 강요받는다. 그러나 인간은 의식적으로 행동을 하여야 하는지 아닌지에 대해서 머뭇거리게 된다.

왜 인간은 행동에 대해서 머뭇거리게 되는가.

인간이 추구하는 행동에는 위험과 모험이 따르게 된다. 인간은 의식적으로 위험성을 감지하게 된다. 위험성에 대한 부담은 인간을 행동으로 옮기는데 방해를 받게 된다.

이러한 경우 인간은 두 종류의 인간으로 분류할 수 있다. 한 부류는 위험을 감수하면서 행동을 실천으로 옮기는 부류로서 이러한 종류의 사람을 도전정신이 있는 사람이라고 한다. 다른 한 부류는 위험부담 때문에 행동을 포기해 버리는 부류의 사람이다. 이러한 사람들을 도전정신이 약한 사람이라고 한다.

인간의 역사는 소수의 도전정신을 가진 사람들에 의해서 창조된다. 인간의 역사는 위험을 무릅쓰고 모험을 감행해서 행동에 옮긴 사람들의 역사인 것이다.

소수의 사람들이 모험을 감행해서 먼저 만들어낸 역사 속에서 모든 인간들은 그들과 함께 새로운 역사를 창조해 나가는 것이다.

인간 역사의 발전의 원동력을 제공하는 사람들은 소수의 도전적인 정신을 가진 사람들인 것이다.

인간의 역사는 인간의 도전정신에서 나온 것이다. 인류의 역사는 과거가 그랬듯이 현재와 미래에도 도전정신을 바탕으로 하여 발전을 지속적으로 해 나갈 것이다.

인류의 역사는 도전정신을 먹고서 자라는 것이다.

인간에게 개인적인 성공을 비롯하여 인류의 역사를 변화시키는 도전정신은 어디에서 나오는가

이 문제를 인간의 존재를 바탕으로 하여 분석할 수 있다. 인간의 존재는 인간의 의식과 분리할 수 없는 관계에 있다. 인간의 의식은 인간의 존재를 만드는 내적 존재라고 볼 수 있다.

인간의 내적 존재인 의식은 자신의 본능에 의해서 행동하는 무의식과 자아의 인식에 의해서 행동하는 자아의식으로 구분된다.

인간의 내면의 존재를 구성하는 의식은 무의식과 자아의식으로 구분된다. 내면의 무의식과 자아의식으로 구성된 의식을 형상이라고 할 수 있다. 인간의 내면세계를 구성하는 형상은 일정하게 고정된 모양을 갖추고 있지 않다.

형상의 모양에 따라서 인간의 존재는 결정된다.

인간의 형상을 구성하는 요소인 무의식과 자아의식은 서로 밀접한 관련을 가지고 있다. 무의식은 인간이 선천적으로 가지고 있는 불완전성에 의존하고 있다. 인간이 후천적으로 인식하는 의식은 무의식에 의해서 영향을 받는다.

무의식과 자아의식 사이에는 상당한 거리를 둔 공간으로 형성되어져 있다. 무의식과 자아의식 사이의 공간은 인간이 죽는 순간까지 일치할 수가 없도록 영원한 거리를 두고 있다.

인간의 내면세계를 형성하는 무의식과 자아의식 사이에는 인간이 죽는 날까지 그 공간을 메우기 위해서 무의식은 자아의식을 향해서 행동을 하고 있다.

무의식은 불완전성으로 구성되어져 있다. 자아의식은 완전해 지려는 인식으로 구성되어져 있다.

인간이 본능적으로 가지고 있는 불완전성인 무의식은 완전성인 자아의식을 향해서 행동을 계속해 나가고 있다.

무의식과 자아의식 사이의 행동은 인간이 죽는 날까지 계속된다. 왜냐하면 무의식과 자아의식 사이의 공간은 인간이 죽는 순간에 일치되기 때문이다.

그러면 무의식이 자아의식을 향해서 행동을 하는가.

무의식인 불완전성은 자아의식이 함유하는 완전성을 향해서 달려나가고 있는 것이다.

다시 말하면 인간의 불완전성은 본능적으로 완전해지려고 노력을 하고 있는 것이다. 불완전성은 완전성을 향해서 인간이 행동을 지속적으로 해 나가고 있다.

인간의 행동은 인간이 선천적으로 가지고 있는 불완

전성을 메우기 위해서 하는 행동인 것이다.

인간은 이러한 행동으로 인해서 완전해 질 수는 없다. 그러나 인간은 행동으로 인해서 발전을 하게 되는 것이다. 인간의 행동의 원천은 선천적으로 인간이 무의식 세계에서 가지고 있는 불완전을 완전성으로 탈바꿈하기 위한 노력이 행동을 통해서 나타나는 것이다.

결국 인간의 존재는 행동을 통해서 존재하는 것이다.

인간의 존재는 내면의 무의식과 외면의 자아의식이 합친 의식과는 서로 뗄 수 없는 관계를 형성하고 있다.

의식은 무의식이 자아의식을 향해서 하는 행동에 의해서 형상의 형태를 결정한다.

다시 말하면 의식의 형상에 따라서 인간의 존재는 결정된다.

인간의 존재는 하느님이 창조한 것이든 우주의 원리에 의해서 만들어진 것이든 인간이 태어나면서 형성된 형상에 의해서 인간의 현재의 존재가 형성되는 것이 아니다.

인간은 자신이 태어날 때 가지고 나온 모양은 집으로 말하면 기본적인 세트이자 껍질에 불과하다.

인간은 나면서부터 그 껍질 속에 용량을 채워 넣어야 한다. 그 채워넣는 용량에 따라서 인간의 현재의 존재는 변화를 거듭하게 된다.

인간의 존재에 대한 변화는 수시로 변화를 하게 된다. 다시 말하면 인간은 타고날 때 자신이 가지고 태어난 재주는 새롭게 자신이 넣는 용량에 따라서 새로운 재주로 변하게 된다.

인간이 자신이 태어나면서 가지고 있던 모양이 육각형의 원통 모양으로 태어났다면 그 육각형 원통 모양은 자신이 그 속에 넣는 용량에 따라서 그 육각형 원통은 팔각형 원통 모양으로 변할 수도 있고 사각형의 원통모양으로도 변할 수도 있다. 인간의 존재는 타고난 선천성에 의해서 결정되는 것이 아니라 후천적인 자신의 노력에 의해서 결정되는 것이다.

따라서 인간은 태어나서 죽는 순간까지 변화를 거듭하며 자신의 모양은 변하게 되는 것이다.

예를 들면 타고날 때 내성적인 성품을 소유한 인간은 자신이 주변 환경에 맞추어서 자신이 노력하기에 따라서 외향적인 성품의 인간으로 변하게 되는 것이다.

인간의 성공과 실패는 인간이 현재하는 행동에 따라

서 결정된다. 인간은 자신이 인생을 성공을 하여야겠다는 마음이 생기면 자아의식에 전달을 하게 된다.

성공에 대한 자아의식은 무의식으로 전달되며 무의식은 자아의식을 향해서 행동을 하게 되는 것이다.

무의식과 자아의식 사이에는 무의식이 도저히 도달할 수 없는 공간적인 거리가 있다. 인간은 행동을 통해서 도저히 도달할 수 없는 자아의식 속으로 달려 나가고 있다.

인간은 행동으로서 그 공간을 메우고자 한다. 인간은 아무리 행동을 해도 그 거리에 도달하지 못한다. 인간은 아무리 성공을 하여도 자신이 성취한 것에 만족하지 못하고 더 많은 것을 얻기 위해서 노력을 하는 것이다.

인간의 욕망은 바닷물을 마시는 것과 같이 되어 버린다. 바닷물은 마시면 마실수록 더욱 더 갈증을 느낀다. 인간의 무의식은 자아의식을 향해서 행동을 하면 할수록 더욱더 행동을 하기를 원한다.

인간의 무의식에서 의식으로 향하는 행동의 원천은 어디에서 나오는가.

인간은 자아의식을 통해서 자신이 성공에 대한 필요

성을 느끼면서 인간의 무의식 속으로 성공에 대한 욕망이 전달된다. 무의식은 그 욕망에 대한 욕구의 정도에 따라서 강한 행동을 할 것인지 아니면 약한 행동을 할 것인지를 결정하게 된다.

그러면 인간이 무의식 속에서 행동을 결정하는 정도는 어디서 나오는가.

인간의 행동을 결정하는 정도는 인간의 자아의식 속에 있는 욕망인 인간의 의지에 의해서 결정된다.

인간이 가지고 있는 의지에 따라서 강한 행동을 할 것인지 아니면 약한 행동을 할 것인지에 결정적인 영향을 미치게 된다.

인간이 강한 행동을 하는 경우 보다 가깝게 성공에 접근을 하게 된다. 반면에 약한 행동을 하는 경우 성공과는 거리가 먼 성과를 거두면서 실패를 하게 된다.

따라서 인간이 성공을 하느냐 실패를 하느냐는 인간의 행동을 결정하는 인간이 가지고 있는 의지에 의해서 결정된다.

그러면 인간의 성공을 결정하는 강한 의지력은 어디서 나오는가

인간은 무의식적으로 불완전한 존재라는 것은 본능

적으로 알고 있다.

이러한 인간의 존재의 불완전성은 몇 가지 형으로 분류할 수 있다. 인간이 자신이 불완전한 상태를 보이기를 거부하는 형태의 존재로 우선 나타난다. 인간은 누구나 다 불완전하기 때문에 자신의 불완전을 감추기 위해서 다른 사람들에게 감추는 존재로 나타나는 경우가 가장 많다.

다른 형태로 나타나는 인간 존재의 불완전성은 열등감으로 나타난다. 자신이 다른 사람보다 열등한 것처럼 소극적인 행동을 보인다.

세 번째 인간 존재의 불완전성은 자신이 우월한 것처럼 보인다. 우월성을 보임으로써 인간 존재의 불완전성을 감추려고 시도하는 것이다. 따라서 인간존재의 불완전성적인 차원에서 볼 때 인간의 열등감과 우월감은 같은 것이다. 우월감은 열등감의 표현인 것이다.

인간의 의지력은 인간이 의식적으로 의존하는 형태에 따라서 결정된다. 가령 인간이 태어나면서 자신을 보호해주는 주변의 인물에 의해서 상당한 영향을 무의식에게로 전달된다. 만일 자신을 보호해 주는 부모가 자신을 보호하는 정도가 유난히 큰 경우 그 인간은 의지력의 상당 부분을 부모에게 의지하기 때문에 의지력이 약하게 되고 성공에 대한 열망이 약한 행동을 하게 된다. 왜냐하면 그 인간은 자신의 성공에 대한 의지력이 자신이 약한 행동을 하더라도 부모의 어느 정도의 강한 의지력과 합쳐서 강한 행동이 된다고 믿기 때문이다.

그러나 부모나 주변에 인간이 자신이 의지할 사람이 없는 인간은 강한 행동을 하게 된다.

부모를 비롯한 주변사람들의 의지는 자신의 성공을 위해서 큰 의지력을 발휘하지 못하게 된다. 왜냐하면 인간은 자신의 무의식과 자아의식과 타인의 무의식과 자아의식은 다른 형상을 가지고 있기 때문에 큰 효력을 발휘하지 못한다. 따라서 부모나 주변인간에 대해서 의존하려는 인간은 의지력이 약한 인간으로 변하여서 성공을 할 수가 없는 것이다.

인간이 아닌 완전한 존재인 신에 의존하는 인간 역시 똑같은 맥락에서 이해하여야 한다.

신이 인간을 창조하였다는 사고에서 출발한 인간은 완전한 존재인 신에게 크게 의존하려는 자아의식을 가지고 있다.

인간의 이러한 자아의식은 자신의 성공에 대한 무의

식속에 약한 행동으로 변하게 된다.

다음으로 인간 한 사람 한 사람의 행동이 모여서 이루어진 역사철학에 대해서 이해할 필요가 있다. 인간 전체의 시대적인 철학사를 통해서 인간은 진정한 철학을 하게 되는 것이다.

철학사는 인간의 역사가 옆으로 나가지 못하도록 제동을 걸어주는 역할을 한다. 동시에 인간의 역사가 너무 앞서 나가거나 너무 느리게 나가는데 제동을 거는 브레이크와 엑셀레이터와 같은 역할을 하고 있다.

철학은 자동차와 비교해서 사고를 할 수 있다. 철학은 자동차가 잘 달릴 수 있도록 하는데 필요한 윤활유 역할을 한다.

철학은 인간이 성공을 할 수 있도록 하는 근본적인 아이디어를 제공하고 성공으로 가는 지름길을 제시하고 있다.

인간의 불완전성을 어떻게 극복해 나가야 하는가 하는 문제는 인간이 지구상에서 존재하면서 시작된 문제인 것이다. 이러한 문제를 해결하기 위한 방법을 제시하는 것이 철학 하는 것이다.

인류의 역사의 한 부분이 철학의 역사이다. 인간의

역사가 도전과 응전의 역사이듯이 철학의 역사도 도전과 응전의 역사인 것이다. 철학사적 관점에서 역사와 철학자들의 사고에 대한 연구는 바로 그 시대를 산 사람들의 사고를 정확하게 파악하는 방법이다.

철학의 역사는 도전과 응전의 역사라고 규정 할 수 있다. 인간은 지구상에 태어나면서 철학을 시작하였다. 인간의 문자 상의 기록은 단지 수천 년에 불과하면서 서양문명의 모태를 이루고 있는 그리스 철학에서 인간의 철학은 기원을 이루고 있다. 그러나 인간은 수억 년 전에 지구상에 존재하는 순간부터 철학을 시작하였다.

인간이 철학을 하였기 때문에 인간은 똑같이 창조된 인간보다 훨씬 강한 동물들을 지배하고 지구에서 주인으로 행세를 하고 있는 것이다.

인간이 지구상에 존재하면서 철학을 하였다는 것은 인간이 원시시대에 이미 불을 발견하고 도구를 사용하였다는 사실에서 증명이 된다.

원시인들의 철학은 단순히 생명보존을 위한 의식주에 국한 되어져 있었다. 원시인들의 생활은 다른 동물들과는 전혀 다르지 않았다. 그러나 단지 그들은 자신들의 의식주를 보다 편안하게 하기 위한 방법을 연구하였다.

원시인들은 자신이 살아가면서 터득한 사냥하는 방법을 알고 있었다. 원시인들이 초기에 사용한 사냥방법은 맨손으로 다른 동물들과 격투와 육박전을 벌여서 다른 동물들을 죽이는 방법만 알고 있었다. 이 과정에서 원시인들은 자신이 가지고 있는 힘의 한계를 느꼈다. 그 결과 원시인들은 자신이 사냥을 하면서 터득한 지식은 힘을 빌릴 필요성을 느꼈다.

몇 사람이 모여서 힘을 합쳐서 다른 동물을 사냥하는 방법적인 차원에서의 지식을 활용하였다. 그러나 이러한 방법은 집단적으로 거주하는 다른 동물들과 별 다르지 않은 방법이었다. 여기에서 인간은 도구의 필요성을 느끼면서 사냥에 필요한 도구를 만들었다.

바로 원시인들의 철학이 시작되었다.

원시인들은 자신이 가지고 있는 사냥에 대한 기술지식을 보다 활용하기 위해서 도구를 만들어내는 지혜를 찾아낸 것이다. 또한 자신보다 더 큰 동물을 잡기 위해서 연구를 한 결과 드디어 불을 발견하는 지혜를 터득한 것이다. 이것이 바로 철학사의 기원이다.

철학의 근본목적은 결국 자신이 터득한 지식을 좀

더 연구하여 보다 지혜롭게 사용할 수 있는 지혜를 배우는 것이다.

지혜를 터득하는 과정의 연속이 인류의 철학사이다. 인간의 역사는 필요에 의한 작용 반작용의 노동의 연속이다 라고 마르크스는 말하고 있다.

인간의 역사가 부족한 것을 메우기 위한 필요에 의한 작용 반작용의 연속이라면 인간의 철학사는 부족한 것을 어떻게 하면 지혜롭게 잘 메워나가는 방법을 가르쳐 주는 작용 반작용의 연속이라고 규정할 수 있다.

철학은 방법론의 차원에서 이해하여야만 한다. 인간이 생활해 나가는데 보다 편리하게 살아나가는 필요한 지식을 어떠한 방법으로 활용하여야만 하는가 하는 방법을 제시하는 것이 철학이다.

이러한 방법론을 제시하는데 주력을 한 인물들이 바로 철학자들이다.

고대 그리스 시대의 철학자들부터 현대에 이르는 철학자들은 인간의 본질을 규명하여 그 시대에 맞는 훌륭한 인간으로 살아가기 위해서 인간이 가지고 있는 지식을 가장 유효적절하게 사용하는 방법을 가르쳐준 것이다.

따라서 철학자들이 가르쳐준 방법은 시대를 초월한 방법일 수도 있고 또한 시대를 거슬러서 시대에 맞지 않는 철학일 수도 있다.

그러나 인류의 역사를 통해서 그 시대의 획을 긋는 철학자들이 알려준 생활 방법은 시대를 초월하여 어느 시대에나 적용될 수 있다.

고대 그리스 시대의 위대한 철학자들이 그 당시 아테네 사람들에 가르쳐준 삶의 지혜는 바로 21세기 현대를 살아가는 인간들에게 똑같이 작용할 수 있는 진리인 것이다.

민일 인간의 존재가 완전하다면 인류의 역사는 어떻게 되었을까.

인간의 존재가 완전하다면 철학을 비롯한 모든 학문은 필요가 없었을 것이다. 아니면 이미 지구상에 인간은 존재하지 않았을는지 모른다. 다행히도 인간은 불완전하게 만들어졌기 때문에 지구상에서 인간은 평화를 유지하면서 존재가 영속되고 있는 것이다. 인간은 존재가 불완전하기 때문에 스스로 부끄러워 할 줄 알고 자신이 부족하다는 것을 알고서 좀 더 지혜로운 방법을 배워서 부족함을 메우려고 한다.

인류 역사상 최고의 미인인 클레오파트라 역시 자신이 최고의 미인이라는 것을 남이 인정은 하지만 자신 스스로 혼자 독방에 남과 떨어져서 생활을 하면 자신도 인간이 가지고 있는 평범한 동물적인 속성을 가지고 있는 인간에 불과하다는 것을 깨닫게 된다. 클레오파트라도 미인이기에 앞서 인간이기 때문에 화장실에 가서 대소변의 배설물을 처리하기 위한 용변을 보아야만 한다.

화장실에서 클레오파트라는 자신이 육체적으로는 인류 역사상 최고로 아름답지만 그 반대로 인간이 모두 가지고 있는 냄새가 나는 용변의 처리 문제에는 한계에 부딪치면서 자신도 불완전한 인간이라는 것을 스스로 느끼게 된다.

인류의 역사에 이름을 남긴 유명한 대 사상가인 공자나 소크라테스, 플라톤을 비롯하여 영웅인 징기스칸과 나폴레옹과 같은 영웅들도 죽음은 극복하지 못했다.

인간의 불완전성으로 인해서 인간은 겸손해지고 나아지기 위해서 철학을 하게 된 것이다.

철학은 인간이 지구상에 존재하면서 시작되기는 하였지만 문자 상의 기록을 토대로 하여 논리를 전개해 나가는 것이 보다 실증적인 방법인 것이다.

동양철학과 달리 서양철학은 고대 그리스 시대로부터 시작되었다. 철학의 역사를 도전과 응전의 틀 속의 사고에서 시작하면 그리스 시대의 철학은 자연에 대한 도전이라고 할 수 있다. 당시 인간에게 가장 두려운 존재는 우주의 자연이었다. 인간이 지혜롭게 살아나가기 위해서 필요한 것은 우주에 대한 이해와 자연과 조화를 이루고 나중에 자연에 대한 도전을 거쳐서 자연을 지배하는 일이었다.

초기 그리스 시대 이전에 이미 인간은 인간보다 강한 동물이 인간들을 습격하는 것을 방지하기 위해서 강한 동물들에게 재물을 바치고 숭배하였다. 가령 동양에서는 범이 가장 강한 동물이기 때문에 범을 산신령으로 모시고서 마찰을 일으키지 않도록 화합을 이루어 나갔다. 그러다가 범에게 도전하여 범을 지배하게 되었다.

그리스 시대는 자연과 우주가 인간보다 강하다는 것을 알고서 인간은 자연신을 숭배하였다. 또한 우주의 본체에 대한 연구를 시작하였다. 인간 스스로 몸을 낮추고 우주의 밑으로 들어갔다. 이 시대에는 인간보다 강한 우주와 자연에 대해서 어떻게 지혜롭게 대처해 나가는가 하는 문제에서 인간의 철학이 시작되었다.

결국 인간은 자연과 우주를 연구하여 우주와 자연에 대한 실체를 파악한 후 자연을 정복하는 단계에 이르렀다. 이 시기는 역사적으로 인간에게 하나의 획을 그을 수 있는 중요한 시대였다. 이 시기를 자연중심사회라고 부르며 철학은 자연중심의 철학이라고 명명한다. 이러한 자연중심의 사회는 인간이 자연에 응전하고 다시 자연에 도전하는 단계를 거쳐서 자연에 대한 두려움이 없어지게 되었다.

인간은 다음 단계인 도시 중심 연구의 철학시대로 넘어온다.

도시 중심 시대는 자연에 대한 철학 연구에서 인간을 연구하는 시대로 변하게 된다. 당시 그리스는 인구 20만 정도의 도시들이 하나의 국가들을 이루고 있었다. 이러한 도시 중심의 국가에서 인간은 도시 아래에서 도시에 대해 응전을 하면서 동시에 도시를 연구하는 철학이 발달하게 되었다.

당시 그리스 도시국가들 중에서 가장 뛰어난 국가는 아테네였다. 아테네를 중심으로 한 철인과 철학자들은 도시에 인간이 어떻게 잘 적응해 나가야 성공적인 삶을 살 수 있다는 지혜로운 방법을 연구하고 시민들을 가르쳤다.

이러한 도시중심 사회는 응전과 도전을 하면서 새로운 철학사상으로 변하게 된다.

도시중심사회에서 인간의 역사는 신 중심 사회로 넘어가게 된다.

인간은 도시에 대한 철학을 연구하여 도시를 정복하고 나서 신에 대한 두려움과 지배 속으로 들어가게 된다. 인류의 역사를 통해서 약 1000년 간 신 중심의 사회가 계속된다.

중세 신 중심 사회는 인간이 신에 대한 두려움으로 인해 인간보다 강한 신의 지배하게 들어가게 된다. 이 시대의 철학은 신을 연구하고 이해하는 철학으로 변하게 된다. 신 중심 사회 역시 신을 연구하여 신에 대한 도전을 시작하였다. 고대 그리스 시대에 강한 우주에서 벗어나기 위해서 인간은 자연연구에서 인간에 대한 연구로 주제를 변화시켰듯이 중세 신 중심사회에서 벗어나기 위해서 신에 대한 연구에서 연구의 주제로 인간이 다시 복귀하게 되었다.

이러한 맥락에서 보면 인간의 역사는 작용과 반작용의 그 자신을 되풀이 한다는 아놀드 토인비의 논리에 대해서 긍정적인 반응을 하여야 한다.

중세 신 중심 사회는 너무 오래 지속되었기 때문에 인간에게 너무 많은 영향을 끼쳤다. 중세 신 중심 사회에서 인간의 신에 도전은 새롭게 인간을 바라보는 시대로 변화되게 되었다.

신의 영향력으로부터 단절하기 위해서 신 중심 시대는 암흑시대라는 아주 강한 사고를 인간에게 주입시켰다. 신의 인간 창조에 대한 문제부터 시작해서 신의 우주창조에 대해서 도전하기 위해서는 사실을 입증하는 철학의 연구가 필요하였다.

신에 대한 도전을 위해서는 실증주의 철학이 필요하였다. 과거의 지구는 평면이라는 논리를 반박하기 위해서 인간은 실지로 증명하기 위해 지구를 한 바퀴 여행하여 제자리로 돌아오는 일이 필요하였다. 이러한 증명을 위해서는 항해술과 함께 멀리 항해를 할 수 있는 엔진 등을 만드는 기술을 필요로 하였다. 따라서 그 시대는 과학과 기술이 모든 것을 지배하는 시대가 되었다.

과학과 기술이 지배하는 시대에 필요한 철학은 실증주의 철학이었다. 계몽주의 철학이 당시 사회를 지배해 나가기 시작하였다. 계몽주의란 불을 밝힌다는 말로서 인간에게 필요한 과학과 기술의 발달만이 인간에게 불을 밝혀준다는 의미이다.

실증주의 철학은 인간이 도저히 대항하기 힘든 신에 대한 도전에서 탄생되었다. 신에 대한 도전에서 과학의 지배를 받는 시대로 변하게 되었다. 실증주의에서 조금 더 진보한 것은 미국에서 시작된 실용주의 철학이다. 철학을 실지로 증명하는 일에만 그칠 것이 아니라 실제로 활용하여 사용할 수 있도록 하는 사상이 바로 미국의 실용주의 철학인 것이다.

현대의 과학과 기술이 인간을 지배하는 단계에서 벗어나서 인간 본연으로 돌아가는 철학이 다시 대두 되었다.

인간의 존재에 대한 연구인 실존주의 철학이 나타났다. 인간의 본질 규명과 함께 휴머니즘과 해체주의 등 인간중심으로 연구하는 철학으로 변화되었다.

그리스 시대부터 현대까지의 철학을 분석의 틀에 넣으면 인간과 외부와의 관계를 토대로 작용과 반작용의 연속이라고 규정지을 수 있다. 다음으로 도전과 응전의 되풀이의 연속이라고 할 수 있다. 전체적으로 볼 때 철학의 역사는 인류의 역사와 마찬가지로 그 자체를 되풀이 한다고 규정 할 수 있다.

인간의 역사가 수 천 년 간 계속되면서 철학자들에 의해서 철학이 체계적으로 연구되었다.

인류의 역사를 통해서 위대한 철학자와 철인들이 인간에게 공통적으로 인간이 올바르게 살아가도록 가르치고 있다. 또한 철학자들은 올바르게 살아가는 지식과 지혜를 동시에 제공하고 있다. 그들이 가르친 대로 따르면 인간은 행복을 누리고 성공을 가져온다는 확신을 주고 있다.

그러나 인간사회는 경우에 따라서는 도덕성에 따르는 사람이 불행하게 되고 반면에 도덕성을 무시하고 인간을 수단으로 삼는 악인이 선인보다 더 부귀와 영화를 누리는 모순성이 존재한다.

이러한 불합리성을 극복하는 일 역시 철학자들이 해야 할 문제이다.

칸트를 비롯한 많은 철학자들은 이 문제를 해결하기 위해서 최고선인 신의 존재를 구현하였다. 신이 존재함으로 인해서 불완전한 인간들의 불합리성을 심판하도록 신의 존재와 인간의 영혼 불멸설을 만들어 냈다. 악인은 비록 현세에서 악한 일을 한 것에 대해서 끝나는 것이 아니다. 왜냐하면 인간의 영혼은 육신과는 달리 영원히 불멸하기 때문이다. 신 역시 존재하기 때문에 신이 악인의 문제에 개입하여 실천에 옮기도록 요청을 하고 있다.

수천 년 간 철인들이 인간들에게 올바른 삶과 성공과 행복을 위해서 인간들에게 알려준 지식과 지혜의 공통점은 무엇인가.

이 문제를 위해서 과거 그리스 시대를 대표하는 철학자와 철인들과 중세를 거쳐 근대와 현대에 이르기까지 몇몇 철학자들의 사상을 객관적인 차원에서 분석하면 그들로부터 인생에서 성공하고 행복하게 사는 삶의 지식과 지혜를 얻는 방법을 터득할 수 있다.

따라서 각 시대를 대표하는 철학자들로부터 인생에서 필요한 성공지혜가 무엇인지에 대한 공통점을 연구분석하여 발견하는 일이 필요하다.

이 과정에서 논제는 인간의 불완전성이다. 따라서 위대한 철학자 역시 인간이기 때문에 그들도 불완전성을 가지고 있으며 도덕성에도 문제점이 있었다. 위대한 철학자들의 인간적인 차원에서 문제점이 무엇이며 그 시대의 문제점은 무엇인지를 이해할 필요가 있다. 따라서 인간의 불완전성에 근거를 두고 있기 때문에 위대한 철학자들의 불완전한 면을 긍정적인 시각에서 바라봄으로 인해서 인간들은 보다 현명한 삶을 살아가는 계기가 된다.

위대한 철학자들의 사상은 지금도 전 세계인들의 의식의 하부구조를 이루고 있다. 그들의 사고를 깊이 있게 이해하고 적용해 나갈 때 성공을 확신할 수 있는 것이다.

제 5 장
왜 자연주의에서 철학은 시작되었는가

노숙자의 대부인 김달수 신부가 말하는 인문학 소양이란 무엇인가. 바로 현대인들이 사회에서 필요로 하는 지혜 즉 철학을 말한다. 철학하면 대부분 사람들은 실생활과 동떨어진 학문으로 생각하거나 아니면 고리타분하고 케케묵은 학문으로 여기고 있다. 경우에 따라서는 철학하면 산속에서 혼자서 도를 닦는 학문으로 생각하거나 아니면 일반인들은 현실과 거리가 먼 이해하기 힘든 학문으로 여기고 있다.

사실상 몇몇 철학자들은 아주 무더운 여름에 한겨울에 입는 외투를 걸치고 머리와 수염은 길러서 남들이 보기에도 이상한 모양을 하는 사람들이 더러 있다.

그 결과 철학자들은 일반 대중들의 눈에는 괴짜 인간으로 보이는 경우가 간혹 있다. 그러나 사실은 그와 정반대다. 철학은 인간이 경험한 지식을 지혜롭게 활용하는 방법을 제시하는 학문을 철학이라고 한다. 따라서 철학은 모든 학문의 근원이다. 따라서 현대인들에게 근본적인 면에서 가장 가까이에서 가장 필요한 생활의 방법과 지침을 제공하는 학문이 바로 철학이다. 따라서 철학적 사고가 부족하면 앞에서 말한 서울대 출신 노숙자와 같이 현대인들은 노숙자로 전락해 버릴 수 있는 것이다.

그러면 인간은 왜 철학의 필요성을 느껴서 철학을 시작하였으며 무엇을 주제로 철학을 발전시켜 나갔는가.

1. 탈레스의 '물'과 인간은 왜 철학을 하여야만 하는가

인간은 왜 철학을 시작하였는가. 철학자 파스칼은 "약한 인간이 강한 우주를 지배하는 원인은 인간은 철학을 하고 우주는 철학을 하지 않기 때문이다"라고 말하고 있다. 인간은 주변에 있는 우주와 자연을 생각하면서 철학은 시작되었으며 철학과 함께 인류 문명은 시작되었다. 철학이라는 말의 어원은 필로소피philosophy 즉 지식을 사랑한다는 말에서 시작되었다. 프랑스의 세계적인 여배우 소피 마르소나 이태리의 여배우 소피아 로렌은 바로 철학의 소피라는 말을 따서 자신들이 비록 얼굴은 미인이지만 여기에 더해서 지혜를 갖춘 사람이라는 것을 보여주기 위해서 소피라는 말을 이름으로 사용하고 있다.

철학을 하면서 인간은 자연에 체계적으로 접근하기 시작하였다. 우주는 어떻게 형성되었으며 동시에 인간은 우주와 어떻게 연관되어져 있는가에 대한 연구에 대해서 생각하기 시작하였다. 다음 단계로 인간과 인간주변에 있는 자연은 어떠한 관계에 있는가 하는 문제로 발전하게 된다. 초기 철학의 주제는 인간은 스스로 자신이 자연과 우주에 비하면 보잘것없는 약한 존재라는 것을 잘 알고 있기 때문에 자연에 대한 연구에서 철학은 시작되었다. 철학의 근본 목적은 약한 인간이 주변에 있는 강한 자연에 대해서 지혜롭게 대처하고 극복하기 위해서라고 할 수 있다. 특히 홍수와 강한 바람을 어떻게 싸워서 지배할 것인가가 철학의 가장 큰 주제였다.

동양인들의 사고와 서양인들의 철학적 사고의 차이점은 동양철학은 우주 즉 해와 달과 별자리를 중심으로 인간을 우주와 합쳐서 생각하는 인간과 우주를 일원화하는 일심 즉 인간과 우주를 하나로 보는 관점에서 문제를 해결해 나가고자 한다. 다시 말하면 해와 달을 중심으로 다음에 불, 물, 흙 등을 하나로 조화시키고자 한다. 물이 지나치게 많으면 홍수가 나고 이것을 불을 가지고 꺼야만 하며 다시 불이 너무 지나치게 많으면 물로서 불을 꺼야한다. 따라서 홍수가 나는 원리는 우주 즉 해와 달의 균형이 깨지기 때문에 나타나는 현상이라고 보고 있다.

반면 서양철학은 철저하게 인간과 자연을 분리하는 이분화적 사고를 바탕으로 하고 있다. 인간을 자연과 우주를 분리하여 논리적으로 자연을 극복하는 방법을 연구하였다. 현대의 발달된 과학적 접근방법적인 차원에서 보면 서양철학이 동양철학보다 좀 더 과학적으로 해결하려고 노력하고 있다고 할 수 있다. 다시 말하면 서양철학은 인간은 무엇으로 구성되어 있는가 하는 문제부터 생각한다. 그 다음에 인간에게 가장 필요한 것은 무엇인가를 생각한다. 인간에게 가장 필요한 것은 물이다. 물이 없으면 인간은 살 수가 없다. 인간 이외 모든 생명체인 동물과 식물은 무엇으로 구성되어 있는가 하는 문제를 제기한다. 여기에 대해서 인간을 비롯하여 우주의 모든 생명체는 물로 구성되어 있으며 결국 모든 생명체는 물이 없으면 생존할 수 없다. 결국 우주에 생존하는 모든 만물의 근원은 물이다 라는 논리를 만들어 내었다.

서양 철학의 발상은 '만물의 근원은 물이다'라는 논리에서 시작되었다. 고대 그리스인들은 물을 정복하는 방법을 연구하는 자연중심의 철학부터 시작되었다. 이와 같이 철학은 물을 중심으로 하는 자연주의 철학에서 시작되었으며 자연주의 철학은 물을 관리하는 홍수와 태풍 등을 막는 현실적인 방법론에 집중하게 되며 동시에 많은 풍수지리학자들이 자연을 연구하기 시작하면서 초기 자연주의 시대의 종교는 대부분 자연을 숭배하는 다신교였다. 이러한 사회를 지배하는 사람들은 물을 잘 관리하는 풍수가들이었으며 이들은 신에게 제사지내는 제사장이자 정치지도자였다. 동양에서도 이 당시 치수관리자가 최고통치자였다.

'물이 만물의 근원이다'라는 논리에서 물을 포함한

불과 공기와 흙을 포함하는 자연주의 사상으로 발전하게 된다. 동시에 우주에 존재하는 물과 불의 양은 불변한다. 그러나 물이 불에 의해서 더워져서 습기가 많아지면 공기가 습해지면서 물의 양이 줄면서 습기가 위로 올라가서 다시 불을 식히기 위해서 비가 내리게 된다. 불로 인해서 너무 건조한 경우에는 너무 많은 양의 비가 내리게 되면 홍수가 나고 바다와 강물이 범람하게 된다는 논리다. 그렇지만 물과 불의 양은 불변한다는 철학적 사고가 나타났다. 물과 불과 공기는 일정한 법칙으로 순환하게 된다는 것이다. 이러한 당시 자연주의적 철학적 사고는 분명히 현대 과학으로서는 정확한 논리임에 틀림없다. 따라서 대부분 당시 철학자들은 풍수에 대해서 알고서 미리 예방을 하였다. 그러나 당시 철학적 사고를 바탕으로 자연을 극복하는 과학과 기술은 발달되지 못했다.

그 결과 인간이 고안해 낸 방법이 바로 신을 이용하자는 것이다. 고대 그리스인들은 자신들이 자연에 비하면 약하고 불완전한 존재라는 것을 잘 알고 있었다. 자신보다 강한 것이 무엇인가를 생각하였다. 결국 자연을 이길 수 있는 것이 바로 그리스인들이 만든 신화에 나오는 12명의 신들이었다. 12명의 신들 중에서 가장 강한 신은 바로 제우스신이다. 제우스신은 태풍과 번개를 관할하면서 12명의 신들을 전부 지배한다. 제우스신 다음으로 강한 신인 포세이돈은 바다를 지배하는 해신이다. 그리스 신화는 그리스인들이 만들어낸 신화다. 그리스인들은 신화를 통해서 인간이 신의 아들로서 관계를 맺는다. 결국 강한 신으로부터 인간이 극복하기 힘든 지중해의 해풍과 천둥 번개를 막으려고 노력한다. 인간이 가장 두려워한 것은 홍수와 태풍이라는 것을 알 수 있으며 인간과 신과의 관계는 인간은 신의 아들로서 동등한 수평적 관계인 것이다.

초기의 자연주의 사상가를 밀레투스 학파라고 부르며 이것은 대부분의 사상가들이 밀레투스 지역을 중심으로 하여 연구를 하고 있었기 때문에 밀레투스 학파라고 부른다. 밀레투스 학파 중에서도 현재까지 영향을 미치는 대표적인 사상가로는 탈레스Thales를 들 수가 있다. 탈레스는 인간생존에 필요한 자연 연구의 영역의 범위를 물에다 한정시키고 있으며 만물의 근본적인 실체는 물이라는 차원에서 우주의 실체를 파악하고자 했다. 우주를 구성하고 있는 모든 물체는 물이 변경해서 이루어 진 것이며 여러 가지 형태를 구성하고 있는 사물의 근본적인 구성체를 물에다 초점을 맞추어 이론을 전개해 나가고 있다. 탈레스의 이론이 옳고 그름을 떠나서 그가 주장한 이론은 그 당대로서는 상당히 획기적인 주장임에 틀림없다. 인간을 포함한 모든 살아서 움직이는 생명체의 대부분이 물로서 구성되어져 있으며 인간을 비롯한 모든 생명체에게 필요한 것이 물이다. 또한 우주에 존재하고 살아서 움직이는 동물이외에 살아있는 생명체도 자연의 물과 연계시키지 못하면 살아남을 수가 없는 것이다.

기원전 4세기경부터는 탈레스의 만물의 근원은 물이다 라는 불변의 법칙은 그리스를 찾는 많은 여행자들에 의해서 깨지기 시작했다. 이러한 여행자들은 그리스 사회에 자기네들의 관습과 법을 전달하게 되었다. 따라서 그리스인들에게는 처음으로 그리스인의 관행과 법이 보편적이 아니며 그들의 법보다도 나은 법이 있다는 것을 알게 되었다. 결과적으로 만물의 근원은 물이다 라는 탈레스의 진보적 사상은 그리스인들의 의식 구조를 바꾸어 나가기 시작했다.

탈레스보다는 덜 진보적 사상가 이기는 하나 탈레스

와 함께 당대 밀레투스 파를 주도해나간 그리스의 진보적 사상가는 아낙시만도로스Anaximandros(B.C. 610-546)를 들 수가 있다. 아낙시만도로스는 밀레투스 학파로서 탈레스의 제자라고 하기는 확실치가 않으며 아낙시만도로스는 천문학자이자 지리학자이며 진화론 방식에 의한 생물의 기원을 연구하여 아페이론Apeirion, 다시 말하면 존재하는 사물의 시초와 근원은 불확정적이고 무한정하다는 이론을 만들었다. 따라서 그 당시 그가 내놓은 이론은 확실히 당시의 일반적인 이론을 내놓은 사상가들 보다는 획기적으로 앞선 사상임에 틀림없다.

탈레스가 만물의 근원을 물로서 국한시킨 데 대해서 아낙시만도로스는 우주의 근원은 무한한 것 즉 아페이론이며 우주의 근원은 모든 규정과 제한을 초월한 무한한 것으로 간주했다. 그리고 더운 것과 찬 것으로 나누어서 찬 것은 땅과 물을 더운 것은 불과 공기를 이루어서 우주는 4개의 층인 땅 · 공기 · 물 · 불의 4개의 층으로 구성되어 있다는 설을 전개해 나가고 있다. 그의 사상은 후기의 진화론에 영향을 주었으며 아낙시만도로스의 사상이 진화론에 바탕을 두고 있는 근거는 세계의 모든 존재는 불확정적이고 무한정한 것으로부터 사물이 생성된다. 처음에는 차고 건조한 것에서부터 점차 덥고 습기 찬 것으로 변화되어 간다. 동시에 우주는 영원한 법칙에 의해서 끊임없이 새로운 사물이 생성되어 가며 모든 사물이 소멸해가고 있다는 사상에 기본을 두고 있기 때문이다. 아낙시만도로스는 탈레스가 우주를 유한론적 입장에서 물로 국한시킨 데 반해 우주를 무한론적 입장에서 초경험적인 세계의 형이상학적 실체를 논한 최초의 형이상학자이다.

그러면 현대인들은 탈레스로부터 무엇을 배워야 하는가. 현대인들은 탈레스로부터 조직에서 살아남기 위해서는 자신이 근무하는 조직의 특성을 우선적으로 파악하여 그 조직에 적응하는 방법을 연구하여야만 한다. 탈레스는 인간을 홍수를 일으키는 물을 연구하여 인간에게 물은 필요하지만 악이 될 수 있으며 동시에 물은 모든 물질의 근원이라는 것을 알아내었다. 이것은 현대인들은 자신이 생존하는데 필요한 것은 무엇이며 그것을 어떻게 지혜롭게 얻어서 관리하여야 하는가에 대해서 우선적으로 연구하여야만 한다는 것을 보여주고 있다.

2. 피타고라스와 인간은 왜 수학적 사고가 필요한가

현대 21세기 각 국가에서 대학 입학시험에 가장 중요한 과목은 무엇인가. 대학에 합격하기 위해서 가장 중요한 과목은 바로 수학과목이다. 그 다음은 현재 전 세계에서 공통으로 사용하는 언어인 영어다. 영어가 모국어인 국어보다 더욱 더 중요시 여기는 이유는 글로벌 시대에 비즈니스를 비롯하여 모든 부분에서 필요하기 때문에 영어를 중요시 여긴다.

그러면 왜 초등학교 때부터 수학을 가르치는가. 그 이유는 논리적 사고와 합리적 사고를 키우기 위해서 학교에서는 수학을 가르친다. 사회나 직장에서 원칙주의와 합리적인 사고와 판단력을 갖기 위해서는 수학을 알아야 하기 때문이다. 인간에게 수학적 지혜를 최초로 제공한 철학자는 바로 그리스 자연주의 철학자인 피타고라스이다. 피타고라스 이후부터 고대부터 현대까지 학교에서는 수학을 가장 필수과목으로 가르쳤다.

피타고라스하면 현대인들은 피타고라스 정리와 수학 방정식인 삼각형의 내각은 180°라는 생각부터 떠올린다. 동시에 직각 삼각형을 이용하여 당시 가장 높은 이집트 왕들의 묘인 피라미드의 높이를 정확하게 측정해 냈다. 따라서 철학자이자 수학자인 피타고라스가 고대에서 현대인들에게까지 미친 수리적 영향력은 엄청나다고 할 수 있다. 피타고라스(B.C. 580-506)는 기원전 580년 경 밀레투스에서 조금 떨어진 에게 해안의 사모스 섬에서 태어나 참주인 폴리크라에스Polycrates의 폭정을 피해서 남부 이탈리아의 크로톤Kroton시로 이주하였으며 그곳에서 종교집단을 형성하여 종교 활동을 했으나 그곳 주민들의 반감을 사서 메타폰치온Metapontion으로 이주하여 그곳에서 기원전 500년 경에 사망 하였다.

피타고라스는 영혼의 윤회설과 금욕생활을 주장하였으며 특히 재미있는 것은 콩을 먹는 것을 죄악시 했다. 또한 동물의 심장을 먹지 못하게 하는 등의 원시적인 신비감이 있는 종교단체였다. 피타고라스 학파는 수학이외에 음악을 중요시 여겼다. 피타고라스 및 그 학파가 학문에 공헌한 바는 수학과 철학을 연관 시켜서 발전시켜 나갔다. 수가 만물의 근원이며 우주는 숫자에 의해서 정연하게 지배된다. 만물은 각각 고유의 특성을 가지고 있지만 공통적인 성격과 근본적인 원칙은 수이다 라는 것이 이 학파의 근본적인 사상이다.

이렇게 수로서 세계가 질서와 조화를 이루고 있기 때문에 이 세계를 코스모스Cosmos라 한다. 피타고라스는 '직각삼각형의 정리'와 '삼각형의 내각이 2 직각이다' 라는 법칙을 비롯하여 유명한 '피타고라스 정리' 등 그가 수학에 기여한 바는 크다. 그러나 피타고라스에게 더욱 중요한 것은 그의 사상이 그 당대의 다른 사상가보다 진보적인 사상을 바탕으로 한 원인은 그가 철학이란 용어를 처음으로 도입한데 있다. 그는 4라는 숫자와 철학과 관련시켜서 정의의 기본 형태로서 4라는 숫자를 지적하고 4는 균분 · 공평 · 평등을 의미하고 있다. 또한 수학을 음악, 천문학 및 의학과도 연관시켜서 연구한 것도 그 당대의 일반적인 사상을 뛰어넘은 생각임에 틀림없다. 특히 피타고라스는 수학을 음악과 관련하여 우주의 구조를 음악적 조화를 통해서 해석하였다.

피타고라스는 자연세계 뿐만 아니라 정신세계까지도 수로 해석 하려고 했으며 이러한 피타고라스의 사상은 탈레스를 중심으로 한 밀레투스 학파들이 주장하는 물, 무한성, 공기 등의 질료적 사상을 완전히 벗어난 사상 이였다. 피타고라스가 밀레투스 학파보다 일보 진전된 사상은 우주를 하나의 원소 속에서 보려고 하지 않고 이 세계를 구성하는 요소로서 불변하는 수에서 찾음으로서 밀레투스 학파보다 고차원 적이며 거시적인 면에서 우주를 관찰하려고 노력했다. 피타고라스의 이러한 사상은 그 후 플라톤, 아우구스티누스Augustinus, 토마스 아퀴나스Thomas Aquinas 등 후세 사상가들에게 크게 영향을 주었다. 피타고라스 사후 그의 학설은 필로라우스Philolaos 등에 의해서 후세에 보급되어 그 후 몇 세기 간은 신 피타고라스 학파에 의해서 그의 사상이 크게 번져 나갔다.

그러면 현대인들은 피타고라스로부터 무엇을 실생활에 적용 할 수 있는가. 피타고라스로부터 현대인들은 논리적 사고를 바탕으로 자신이 직장에서 하는 업무를 보다 효율적으로 접근하여 처리하는 능력을 키울 수 있다. 다음으로 현대인들은 수학적 사고를 바탕으로 사기꾼에게 넘어가는가 아니면 자신의 인생에 유익한 사람인가를 현명하게 판단하는 능력을 키울 수 있다. 이처럼 수학적 사고는 단순히 이차함수나 방정식을 한 문제 더 풀어서 대학에 합격할 목적으로 수학을 공부하는 것이 아니라 인생을 살아가면서 자신이 살아가는데 필요한 판단력으로 수학을 활용하기 때문에 수학은 절대적으로 필요하다는 것을 피타고라스는 모든 인류에게 가르쳐 주었다는데 그의 철학적 사고와 지혜의 의미를 부여하고 있는 것이다.

3. 엘리아의 제논과 거북이와 아킬레우스 경주

21세기 현대인들에게 느림보 거북이와 빨리 달리는 토끼가 경주를 하면 누구 이긴다고 생각하는가. 대부분 사람들은 느림보 거북이 보다는 토끼가 경주에서 승리한다고 생각한다. 그런데 학교에서 가르치는 교훈은 느림보 거북이가 쉬지 않고 달려서 거북이가 승리한다는 결론을 내리고 있다. 그 이유는 토끼는 잘 달리기는 하지만 중간에 느림보 거북이가 느릿느릿 기어오는 것을 보고 자신은 중간에 낮잠을 자더라도 이길 수 있다는 확신을 하고 한숨 자는 바람에 결국 그 경주의 승리자는 거북이라는 것이다.

그런데 그리스의 자연주의 시대에 괴짜 철학자이며 괴변론자인 제논Zenon은 세상에서 가장 느린 느림보 거북이와 당시 그리스에서 가장 빠른 용사 아킬레우스

Achilleus가 경주를 하는 경우 누가 승리할 것인가에 대해서 제논은 만일 느림보 거북이가 한걸음이라도 먼저 출발하는 경우 그 경주는 거북이의 승리다. 반면 용사 아킬레우스가 한발이도 먼저 출발하는 그 경기는 아킬레우스의 승리라고 주장하였다. 결국 제논은 출발의 중요성을 강조하고 있다. 이것을 후세인들은 "제논의 역설Paradox of Zenon"이라고 부른다. 그러면 철학자 제논은 왜 이러한 역설을 후세인들에게 교훈으로 제시하였을까.

엘리아 출신의 대표적 진보주의 사상가로 제논Zenon of elea(B.C. 490-430)을 들 수가 있으며 제논은 약 490년경에 엘리아에서 태어났다. 그의 사상은 스승인 파르메니데스Parmenides의 이론을 논리적으로 옹호하여 아리스토텔레스Aristoteles로부터 변증법의 발견자로 불리고 있다. 제논은 그의 스승인 파르메니데스의 사상인 존재하는 것은 어떤 것도 변화하지 않는다는 이론에 대해 역으로 논리를 전개 모든 존재가 변화를 하면 모순에 빠지게 된다는 제논의 유명한 역설을 내놓고 있다. 제논은 지적인 면에서나 양적인 면에서 아무리 많은 것이라도 작은 단위로 나눌 수 있으며 다시 세분화하면 무한대의 영속성으로 가서 불변의 영속성으로 이어 진다.

또한 제논은 운동을 부정한다. 지구상에서 가장 빠른 군인인 아킬레우스Akilleus와 세상에서 가장 느림보인 거북이와의 경주에서 만일 거북이가 한 걸음이라도 아킬레우스에 앞서서 출발하였다면 이미 거북이와 아킬레우스 사이에는 무한대의 영속적이 점들이 존재하기 때문에 군인이 거북이를 따라가는 것은 불가능하다. 또한 날아가는 화살의 변화의 존재를 부정한다. 화살은 언 듯 보기에는 날아가는 것처럼 보이지만 순간 순간이 정지되어 있는 상태이다. 따라서 날아가는 화살도 운동을 하고 있지 않으며 운동 그 자체도 불가능한 것이다. 제논의 사상은 당대에 있어서는 획기적인 이론이며 변증법적 방법을 이용하여 논리적으로 전개하여 후세의 사상에 크게 기여 했다.

그러면 제논이 21세기를 살아가는 현대인들에게 주는 철학적 지혜는 무엇인가.

현대인들에게 주는 교훈은 거북이와 아킬레우스와 경주에서 어느 편이든지 한걸음이라도 먼저 나가는 쪽이 승리를 한다는 것이다. 제논은 당시 그리스 사회의 젊은이들이 사회에서 성공을 하기 위해서는 출발을 빨리 하여야 한다는 논리를 전개해 나가고 있다. 비록 재주가 부족하고 능력이 없더라도 인생에서 빨리 시작을 하는 사람은 성공할 가능성이 크다는 교훈을 주고 있다. 인생은 마라톤이다 라는 말로 현대인들은 자신을 위로하고 있다. 자신이 현재는 비록 다른 사람들만큼 잘나가지 못하고 있기는 하지만 길고 짧은 것은 두고 보아야만 한다. 이러한 논리가 바로 현대인들이 가지고 있는 사고인 것이다. 그러나 제논이 보는 변화의 부정의 논리는 인생에도 적용이 된다고 할 수 있다.

인생은 마라톤이 아니라 100m 단거리 경주인 것이다. 100m 단거리 경주에서 가장 중요한 것은 바로 스타트를 잘 끊는 사람이 결국은 그 경기에서 성공을 거둔다는 것이다. 그 이유는 바로 인생이 그렇게 길지가 않다는 것이다. 고작 살아야 1백년을 넘지 않는 삶을 살아가면서 처음의 스타트가 좋은 사람은 대개가 끝도 좋다는 것이다. 따라서 제논의 역설과 같이 비록 재주가 비상하고 뛰어난 인물이라고 할지라도 젊은 시절에 방탕한 생활과 준비 없는 생활을 하는 사람은 결국 인생에서 성공을 거두지 못하고 실패를 하게 되는 것이다.

제논의 역설과 비교하여 될성부른 나무는 떡잎부터

알아본다는 말은 바로 같은 맥락에서 이해 할 수 있다. 이 말은 큰 인물이 될 사람은 이미 어린 시절에 남과는 다르다는 것이다. 따라서 현대인들에게 성공을 위해서는 젊은 시절부터 꾸준한 노력이 필요하다. 처음 잘못 꿰어진 단추는 다시 풀어서 고쳐 매는데 상당한 시간이 걸린다. 또한 처음에 설은 밥은 끝까지 맛없는 설은 밥으로 끝이 나기 때문에 처음부터 다 잡아서 밥을 지어야만 한다. 철학자 제논으로부터 배우는 논리는 현대인들에게 필요한 것은 바로 시작부터 바짝 붙어서 인생을 시작하는 노력이 필요 하다는 것이다.

4. 울고 있는 철학자 헤라클레이토스와 웃고 있는 철학자 데모크리토스

최근 직장인들의 약 75%가 자신이 다니는 직장에서 소속감을 느끼지 못하고 있다는 연구 보고서가 나왔다. 이것은 현대인들이 직장에서 삶을 살아가면서 소외감을 극복하지 못하고 있다는 것을 의한다.

21세기 현대인들의 정신건강을 위해서 필요한 것은

무엇인가. 사실상 현대인들은 디지털 혁명과 4차 산업 혁명으로 인해서 누구나 다 소외감에 시달리고 있다. 현대인들이 성공적인 삶을 살아가기 위해서는 소외감을 어떻게 극복하는가 하는 것이 현대인들이 가지고 있는 철학적 과제인 것이다.

그리스 철학자 헤라클레이토스는 당시 사람들로부터 울고 있는 철학자로 불리었다. 반면 데모크리토스는 후세인들로부터 웃고 있는 철학자라고 불리 우고 있다. 헤라클레이토스와 데모크리토스로부터 현대인들은 어떠한 철학적 지혜를 얻을 것인가.

자연주의 철학자로서 피타고라스 다음에 나타난 사상가는 헤라클레이토스Herakleitos(B.C. 535-475)이다. 헤라클레이토스는 밀레투스 북쪽의 에페소스의 귀족 출신으로 후세 사상가들로부터 울고 있는 사상가로 불린다. 그는 신비적 정신이 농후하여 정신생활에 일생을 바쳤다고 전해지고 있다. 헤라클레이토스는 밀레투스 북쪽의 에페소스시의 귀족 출신으로 처음에는 공직생활을 시작했다. 그러나 학구적이며 사색적인 성품으로 인해 공직생활을 사양하고 학문에만 몰두하였다. 그는 밀레투스 학파의 자연철학을 더욱 발전시켰으며 밀레투스나 피타고라스를 정면으로 반박한 당대의 최고의 사상가임에 틀림없다.

헤라클레이토스의 진보적 사상은 만물은 흘러간다. 라는 명언에 함축되어 있다. 이러한 세계를 변화의 과정으로 보고 변화하는 가운데서 조화와 결합이 이루어져 만물은 항상 발생과 소멸을 거듭하는데 그의 사상의 근원이 내재하고 있다. 그러나 만물은 변화하는 가운데서 무질서하게 변화하는 것이 아니라 변화하는 과정에는 어떤 일정한 법칙과 궤도적인 순환에 의해서 변화한다. 그 변화하는 가운데 불변하는 원리가 로고스logos이다.

또한 모든 인간들은 야수가 매를 맞아야만 길들여지듯이 인간사회에서 힘에 의한 강제를 받아야만 질서가 유지된다. 전쟁이 가장 좋은 것이며 전쟁은 만물의 아버지요, 만물의 왕이며, 싸움은 정의이다. 모든 만물의 존재는 전쟁에 의해서 생성과 소멸을 거듭한다. 이러한 헤라클레스의 힘에 의한 안정론은 후세의 국제사회에서 이론적으로 기반을 마련한 힘의 균형론 및 패권안정론의 기초를 이루었다고 할 수 있다.

헤라클레이토스는 모든 것은 변화 유전하지만 근본

적으로 변화하지 않는 실체로서 불을 제시하고 있다. 밀레투스 학파가 물이나 공기를 근본실체에다 둔데 반해 그는 불을 만물의 근본 실체에 둔다. 불에서 만물이 생성되며 불에서 물이 생성되고 다시 물에서 땅이 형성된다. 땅에서부터 물이 생성되며 다시 불로 돌아간다. 이 불은 꺼져서 없어지는 불이 아니라 영원히 만물의 기본원소로 존재한다. 헤라클레이토스의 사상은 불이라는 불변의 원소가 끊임없는 대립과 대립을 통해서 통일과 조화를 이루고 있다. 인간 세상에서 사람과 사람, 계급과 계급의 대립을 통해서 유지되면서 조화를 이루게 된다. 그의 이러한 이론은 당대의 최고의 사상가임에 틀림없다. 그의 사상은 후세의 헤겔과 마르크스의 이론인 변증법에 의해 소개되었다. 따라서 헤라클레이토스는 변증법의 시조 사상가로서 불리고 있다.

현대인들은 헤라클레이토스의 철학적 사고의 근원인 조화와 결합을 이해하여야만 한다. 또한 그는 외모에서와 같이 항상 울고 있는 철학자로서 인간세상은 야수가 매를 맞아야만 길들여지듯이 인간에게 전쟁이 가장 좋은 것으로 생각하였다. 그가 처음에는 공직생활을 하였으나 그가 조직에서 적응하지 못하고 물러난 원인이 바로 이러한 인간세상에 대한 부정적인 시각 때문이다. 따라서 현대인들에게 필요한 것은 항상 웃는 얼굴과 외모로서 조직에서 생활하여야만 한다는 것을 알 수 있다.

울고 있는 철학자 헤라클레이토스와는 대조적으로 웃고 있는 철학자로서 20세기의 과학적인 견해를 가진 철학자는 데모크리토스Demokritos(B.C.460-370)를 들 수 있다. 또한 데모크리토스는 유머감각이 탁월한 사상가로서 당시 사람들은 그를 처다 보기만 해도 웃음을 감추지 못했다고 전해 내려오고 있다. 당대의 최고의 진보주의적 사상을 가진 데모크리토스가 미쳤던 공헌은 지대하며 데모크리토스에 대한 문헌은 약 300편에 달한다.

그리스의 대철학자인 데모크리토스는 후세 사람들로부터 웃고 있는 사상가라는 별명을 듣고 있으며 아리스토텔레스 이전의 최대의 박식한 학자이자 진보주의 사상가로 손꼽히고 있다. 데모크리토스는 레우키포스Leukippos의 학문을 승계하여 체계화시킨 사실상의 원자론의 창시자이다. 데모크리토스는 프로타고라스, 소크라테스, 플라톤과 거의 동시대인 이었으며 피타고라스의 영향도 많이 받았다. 플라톤은 그를 잘 몰랐기 때문에 그의 저서에서 데모크리토스에 관해서는 한마디 언급이 없었으나 오직 아리스토텔레스만이 그에 관해서 설명하고 있다.

데모크리토스는 파르메니데스의 이원론과 엠페도클레스Empedocles 및 아낙사고라스Anaxagora의 다원론을 혼합하여 원자론을 창안해 냈다. 그의 사상은 만물은 질적으로는 한 종류의 물질로만 이루어져 있으며 이것이 아토마atoma 즉 원자이다. 데모크리토스는 파르메니데스의 의견과 일치하나 차이점은 파르메니데스가 모든 물질의 공간은 존재하지 않으며 결과적으로 부동하다 보는데 반해 데모크리토스는 모든 물질은 공간이 있기 때문에 공간 속의 원자들이 서로 운동에 의한 결과에 의해서 사물의 현상이 이루어진다는 것이다.

이 세상에 존재하는 무수한 원자들은 질적인 면에서는 같으나 양적인 면에서는 차이가 있다. 따라서 만물은 형상을 달리하고 있으며 양은 질에 우선 하며 질은 양의 작용에 의해서 형성된다는 것이 데모크리토스의 당시 사상에 입각한 근본사상이다. 데모크리토스는 학문적인 면에서 볼 때 플라톤, 아리스텔레스와 비교할 만큼 큰 업적을 남기고 있다. 원자론과 공간설을 윤리학과 관련 시켜서 논한 것은 흥미로운 일이며 원자론과 공간설은 근세 자연과학에 크게 공헌했다.

웃고 있는 철학자 데모크리토스로부터 현대인들은 무엇을 배울 것인가. 현대인들이 직장과 조직에서 성공하기 위해서는 울고 있는 철학자가 아닌 웃고 있는 철학자이자 유머감각이 뛰어난 데모크리토스와 같은 사고를 가져야 조직에서 성공적인 삶을 살아갈 수 있다. 과거에는 리더십에서 유머감각을 중요시 여기지 않았다. 과거에는 고급으로 올라가면 갈수록 얼굴에 근엄함을 보이면서 직원들을 멀리하였다. 대부분 초급관리 시절에는 유머감각이 뛰어나고 직원들과 가까이 하던 사람들도 고급관리자가 되면 갑자기 자세가 엄숙하게 된다.

그러나 현대에서 진짜 본게임으로 진출하고 성공하는 직장인은 그 반대의 성격을 가진 사람들이다. 고급으로 가면 갈수록 더욱 더 유머감각을 가지려고 노력을 하여야만 한다. 직원들과 더욱 더 가까이에서 스스럼없이 유머감각을 발휘하여야만 한다. 그런데 유머감각은 어느 정도는 선천적으로 타고 나기는 한다. 그러나 조직에서 성공하는 사람들은 후천적인 노력에 의해서 유머감각을 기른다.

우리가 웃고 있는 그리스 철학자 데모크리토스로부터 배워야 할 산 철학과 지혜는 항상 미소를 지은 얼굴과 유머감각의 필요성이다. 웃고 있다는 것은 나는 상대방에게 아무런 나쁜 감정을 가지고 있지 않다는 것을 의미한다. 데모크리토스는 현대인들이 말하는 웃는 얼굴에 침 못 뱉는다 라는 말을 몸소 실천한 행동주의자였다.

제 6 장
왜 도시중심의 철학인가

자연중심의 철학은 그 후에 나타난 도시국가 철학의 맥을 잇도록 만들어 주었으며 자연주의 철학은 도시국가 철학의 대표적인 철학자인 플라톤과 아리스토텔레스의 철학이 형성되는 근원이 되었다. 플라톤과 아리스토텔레스의 철학은 동양 철학에서 공자와 맹자 사상에 비교될 만큼 서양 철학사에서 큰 비중을 차지하고 있다. 서양 사상에서 플라톤과 아리스토텔레스의 사상을 뛰어넘을 사상가는 현재까지 나타나지 않고 있다. 이들 플라톤과 아리스토텔레스의 스승이 되는 소크라테스 역시 서양철학의 모태를 이루고 있다.

현재 서양인들의 내면에 깊이 자리 잡고 있는 사고

는 도시중심 철학이다. 고대 그리스 문화는 식민지 사회인 소아시아의 이오니아 지방에서 꽃을 피웠으며 철학을 비롯한 학문도 그리스 본토에서는 크게 발달되지 못했다. 그런데 기원전 490년 경 페르시아의 다리우스Darius왕이 마라톤에서 패배하고 또한 480년경에는 다리우스왕의 후계자인 크세르크세스Xerxes가 아테네에 패배하여 두 번에 걸친 페르시아와의 전쟁에서 아테네의 승리는 아테네를 정치, 문화, 학문의 중심지로 만들었다. 이리하여 아테네의 인구는 약 20만 정도밖에 되지 못했으나 기원전 430년에 이르기 까지 약 30년 동안 아테네를 통치한 페리클레스의 지도하에 이름 있는 학자와 예술가들이 모여들어 철학 및 예술의 발달을 가져와서 아테네의 번영은 절정에 달했다.

이 무렵 철학의 연구에 있어서도 많은 변화를 가져왔다. 여태까지 자연에 관해서만 연구의 대상으로 삼던 자연주의 철학가들에 대해서 회의를 느끼기 시작했다. 자연주의 사상가들이 제시하는 사상의 연구는 인간이 매일 생활해 나가는 일상생활과는 관계가 없을 뿐 아니라 일반 시민들의 상식으로는 이해할 수 없는 상식에 대한 반항이었다. 따라서 이 시대의 철학의 특성은 사상의 연구 대상을 순수한 자연주의 사상에서 인간의 생활과 직접 관련시켜서 연구하는 소위 휴머니즘에로 복귀 현상이다. 자연을 연구대상으로 하는 사상의 연구에서 인간의 생활과 직접 관련된 사상을 연구의 대상으로 삼기 시작 하는 사상으로의 변화는 서양의 사상을 사실상 궤도에 오르도록 만들었다. 이러한 사상 연구의 변화는 여태까지 자연이 인간보다도 더욱 중요시하는 소위 자연 중심의 사상에서 인간들이 터전을 마련하여 살고 있는 도시 중심의 사상으로 바뀌게 되었다. 다시 말하면 인간이 일차 집단인 혈연 중심의 가족사회로부터 이익을 추구하기 위해서 모여서 형성된 이익집단이 도시 사회이다.

혈연인 부족 중심 사회는 그 규모가 자꾸 커지면서 도시를 형성하게 되었다. 그 당시의 도시는 인구를 감안하면 도시국가city state였다. 이렇게 가족과 달리 이익을 추구하기 위해서 모여든 사람들을 위해서 필요한 것이 인간을 다스리는 기술 다시 말하면 통치술이었다. 우리가 일반적으로 사상의 기원을 그리스 도시 국가시대에 두는 원인이 여기에 있는 것이다. 그러나 도시 국가 중심 사회 이전에 이미 부족 국가 형태의 사회이든 또는 혈연 중심사회의 국가이든 인간은 혼자 살 수가 없으며 집단 속에서 살아야만 하는 운명을 타고났기 때문에 인간과 인간간의 관계에 관한 규율은 필요했다. 자연주의 철학은 비록 인간보다 자연을 더 중시 하였다는 의미이며 결국은 인간과의 관계를 자연과 연관시켜서 연구 대상으로 삼았다. 따라서 자연중심의 연구를 대상으로 하던 시대와는 달리 도시중심을 연구대상으로 옮겨오면서 처음으로 등장한 학파가 그 유명한 소피스트들이었다.

1. 소피스트와 소크라테스의 정의란 무엇인가

소피스트 : 출세지향적 방법론

그리스 사회의 도시 중심 사상의 초기의 진보적 사상가들을 소피스트라고 부르고 있으며 소피스트Sophist란 말의 본뜻은 현명한 사람이란 뜻이다. 당시의 소피스트란 우리가 사회 관념상 사용하는 현명이라거나 정직이라는 말보다 더욱 지혜롭고 학식과 덕망을 갖춘 사람을 말한다. 그리스 도시 사회에서 소피스트의 역할은 도시민들의 요구에 의해서 돈을 받고서 학생을 교육시키는 전문적인 직업 교사들로서 최초의 전문적인 지식을 갖춘 지식인 단체였다. 그러나 그들은 어떤 특수한 단체에 가입되어 있거나 또는 어떤 학파를 이룰 만큼 단체적으로 행동하지는 않았다. 이들 소피스트들은 그날그날의 직업으로서 학생들을 가르쳤으며 대다수의 소피스트들은 학생들이 도시 사회에 나가서 출세하기 위한 방법과 사업에 성공하기 위한 상술을 가르쳤다. 그러나 몇몇 극소수의 소피스트들은 일관성 있는 사회사상을 가르쳤다.

서양 철학사적인 관점에서 볼 때 소피스트들이 기여한 바는 고대 그리스 철학가들이 관심의 대상으로 삼았던 자연으로부터 인간중심으로의 방향을 전환했다는데 있으며 이러한 관점에서 볼 때 그들은 분명히 새로운 행동과 사상으로 당대 사회문화의 변화에 획기적인 기여를 한 것만은 사실이다. 소피스트 철학자들이 기여한 또 다른 공로는 고대 자연주의 철학자들로부터 플라톤, 아리스토텔레스로 이어지는 아테네 철학의 전성기를 맞이하는 교량적 역할을 했다는 점에 있다. 소피스트 철학자들은 그 이전의 자연주의 철학자들이 순수한 과학적인 측면에서 연구한 철학을 직접 인간들의 일상생활과 연관해서 윤리적인 측면까지도 고려하여 합리적인 철학의 대상으로 삼음으로서 철학자로서 자리를 매김 함과 동시에 후기의 서양철학의 발전에 크게 기여했다.

소피스트 철학의 대표적 사상가로는 프로타고라스를 들 수가 있으며 프로타고라스Protagoras(B.C. 500-430)는 B.C. 500년 경부터 430년 경까지 생존한 사람이며 에게해 북부 아부데라 출신이다. 프로타고라스에 대해서는 플라톤의 대화에서 논의되고 있다.

프로타고라스는 소피스트들 중에서 가장 뛰어난 인물로서 아테네 전역을 배회하면서 정치 및 법률에 관한 자기의 지식과 대화를 가르치면서 일생을 보낸 소피스트들 중에서 가장 대표적인 인물이다. 프로타고라스는 도시 사회가 존재하기 위해서는 개인 각자의 주관성을 고려하여 일반법을 적용해야 한다는 당대의 사회에는 한걸음 앞서간 견해임에 틀림없다. 그의 법의 주관성은 인간은 만물의 척도라는 뜻을 의미하며 이 명언은 사물이란 각자에 맞는 대로 적용해야 한다. 이 뜻은 갑에서 옳다는 사실은 을에게는 맞지 않는다는 의미이다.

인간이란 일반적인 인간이 아니라 개개인의 인간을 말하며 일반적으로 적용하는 기준은 사회적으로 심각한 결과를 초래한다. 따라서 사람들의 의견이 일치하지 않는 경우 어떤 것은 정당하고 다른 것은 그르다고 할 만한 객관적인 진리가 없다.

프로타고라스의 진보주의적 주장은 도시 사회에서 도시민 각자는 모든 관습을 받아들일 준비를 하고 있어야 한다는 것이다. 도시민이 이러한 관습을 잘 받아들이지 못하면 그 도시는 위험할 뿐만 아니라 무정부 상태를 초래하게 된다. 따라서 소피스트들은 도시민이 문명된 사회의 관습에 잘 적응하여 관습과 제도를 잘 받아들일 수 있는 적응력을 기를 수 있도록 가르쳐야 한다. 이러한 적응력이 없는 경우 인간은 자연 상태에 있는 동물과 같다. 프로타고라스에 의하면 소피스트들은 법이란 주관적이며 사람에 의해서 만들어지기는 했으나 공리적인 차원에서 인간에 의해서 정당화되었다. 프로타고라스는 신의 존재에 대한 종교적인 문제에 대해서는 회의적인 입장을 나타내고 있다. 인간은 삶 그 자체가 너무 짧기 때문에 신의 존재를 알 수 없다는 무신론적인 견해를 가지고 있었다. 그의 이러한 사상 때문에 그는 아테네에서 추방되었으며 그의 모든 저서들은 아테네 광장에서 불태워졌다.

프로타고라스와 거의 같은 시대에 시실리의 레온더노이에서 출생한 고르기아스Gorgias(B.C. 483-375)는 프로타고라스와 함께 소피스트들 중에서 가장 유명한 사상가로서 달변이자 수사가로 유명하다. 프로타고라스가 사물의 주관성을 인정한 것과는 대조적으로 고르기아스는 만물의 주관성을 부인하여 주관적인 것은 허위라고 보며 어떠한 진리도 존재할 수 없으며 실존까지도 부정하는 허무주의자이다. 그의 진보주의적 명제는 아무것도 존재하지 않는다. 만일 어떤 것이 존재한다 해도 전혀 파악할 수 없다. 그것을 파악한다 해도 전달할 수 없다는 것이다.

고르기아스는 파르메니데스의 존재를 부정하면서 제논의 변증법을 이용하여 그의 명제의 증명을 시도했다. 특히 파르메데니스의 이론을 부정하여 존재란 영원한 것이기 때문에 결국은 아무것도 없는 것이 된다. 그의 사상에 확실한 진리란 결코 존재하지 않는다. 비록 존재하더라도 사람의 감각을 통해서 전달되며 사람의 감각은 주관적이다. 따라서 전달이란 다르게 전달되며 올바른 전달이란 불가능한 것이다.

기원전 5세기 후반의 소피스트들 중의 진보적 철학자로 트라시마코스Thrasymachus를 들 수가 있다. 플라톤의 국가론에서 소개된 칼리클레스Callicles의 사상이 트라시마코스에 미친 영향은 상당히 크다. 그의 현실주의에 입각한 사회철학은 정의나 옳음이란 단지 강자의 이익에 불과하며 정의는 단지 강자에게 이익이 되는 것 이외는 아무것도 아니다. 트라시마코스가 가진 사상에 의하면 사회에서 강자가 개인이거나 집단이거나 간에 그들의 이익을 위해서 행동하는 것이 정의이다. 국가에 있어서 절대 권력과 그 권력이 인정해서 옳다고 생각되는 권력 간에는 충돌이 있을 수 없다. 이러한 권력들 간의 행동은 올바른 행동인 것이다. 소수의 약자가 옳다고 생각하면서 행하는 행동은 다수의 강한 힘을 가진 강자가 옳다고 인정할 때까지는 약자의 행동은 올바른 행동이라 볼 수 없다.

플라톤은 국가론에서 소크라테스의 말을 인용하여 몇 가지 반론을 제기하고 있다. 강자는 그의 힘을 과시하기 위해서는 절대로 행동하지 않는다. 강자인 지배자는 의사의 기술이나 선장의 항해기술에 비유 할 수 있다. 의사는 자기의 환자가 나을 때 까지 극진히 치료하려고 노력하며 선장은 자기 배가 목적지에 도착할 때까지 배가 안전하게 운행될 수 있도록 노력 한다. 이와 마찬가지로 강자인 지배자는 자기가 통치하는 도시민들을 잘 보호 하려고 노력하고 있다. 따라서 강자는 결코 자기 개인의 이익만을 위해서 행동하지는 않으며 약자인 도시민의 이익을 위해서 노력한다.

트라시마코스의 이론에 대한 논쟁의 목적은 강자는 어떤 권력행사의 목적에 의해서 행동하는 것이 아니라 합리적인 목적에 의해서 행동한다. 그의 이론은 도덕적인 법 즉 정의롭고 바른 법이란 그 자신의 이익 추구를 위한 목적을 가지고 있다. 따라서 그의 진보주의에 의한 사상은 국가의 절대 권력에 의해서 만들어진 법이란 그 권력 자신의 이익을 보호하기 위해서 만들어진 것으로 해석 할 수 있다. 그러나 대다수의 사회 사상가들은 트라시마코스의 이론에 반박하고 있다. 법이 권력자의 이익추구를 위하여 만들어 졌다는 그의 이론은 그 자체가 상대적으로 부적합한 이론이다. 거의 모든 법은 권력자 개인의 이익 추구만을 위하여 만들어진 것이 아니라 객관적인 도덕성의 원칙에 의하여 만들어진 것이다.

소크라테스의 지행합일설

소피스트 사상가들의 사상이 중심을 이루고 있을 때 소피스트들의 사상에 대한 날카로운 비판으로 출발한 그리스 최대의 철학자가 소크라테스이다. 소크라테스는 당시 그리스 사회에서 학문적으로 주도해 나가고 있던 소피스트들의 철학에 정면으로 충돌하였으며 그들의 반감을 샀다. 또한 정부에 대해서도 도전적인 행동과 발언으로 정부에 대해서도 적을 만들어서 당시 정부의 미움을 받았다. 소크라테스는 일반적으로 소피스트 중의 한 사람으로 불리고 있으나 소피스트들과 구별하여 설명해야 한다. 비록 소크라테스의 생존시기가 확실하기는 하나 그에 관한 연구는 대단히 힘든 일 중의 하나이다. 소크라테스는 그 자신의 저술을 한권도 남기지 않았기 때문이다.

소크라테스는 아테네의 중류 가정에서 조각가인 부친과 산파인 모친사이에서 태어나서 평생 동안 아테네를 위해서 살다가 아테네에서 죽은 충실한 아테네 시민이다. 전하는 일화에 의하면 소크라테스는 굉장한 추남으로 맨발의 초라한 차림으로 어디든지 나타났다고 한다. 그의 부인인 크산티페Xanthippe는 악처로 유명하다. 그는 플라토닉 러브 이외는 연애는 몰랐으며 오르페우스교의 성자로 자처하면서 어느 장소에든지 항상 사람들에게 둘러싸여 논쟁을 벌였다. 따라서 그는 많은 적을 만든 결과 정부로부터 청소년들의 신앙심을 경감하고 부패와 타락의 길로 유도했다는 죄명으로 70세에 처형당했다. 그는 악법도 법이기 때문에 반드시 따라야 한다는 주장과 함께 처형당하기 직전의 태연한 태도는 유명한 일화로 전해지고 있다.

소크라테스에 관한 연구는 그의 제자인 크세노폰Xenophon과 플라톤에 의해서 전달되고 있다. 소크라테스에 관한 자료는 플라톤의 국가론에서 플라톤과의 대화의 주인공으로 등장하는데서 찾아볼 수가 있다. 소크라테스의 사상은 소피스트들과 같이 자연을 중심으로 한 연구보다는 인간을 연구대상으로 삼기는 했으나 대부분의 소피스트들이 인간주의에 대해서 각자에 맞는 기준을 정하는 주관주의에 빠져 버리는 대신에 소크라테스는 소피스트들에게 결여되어 있는 객관적인 진리성을 찾으려고 노력하고 있다. 프로타고라스와 같은 소피스트들이 주장하는 모든 선이나 악의 기준은 인간 각자의 환경에 따라 각자에 맞는 기준을 정하자는 것이다. 그러나 소크라테스의 진보적 사상은 모든 인간에게 공통적으로 적용할 수 있는 선과 악의 객관적인 기준을 찾아서 정하자는데 있다. 소피스트들의 약점인 객관적이고 보편적인 진리를 찾고자 하는 것이 바로 소크라테스 사상인 것이다.

이러한 진리를 찾기 위해서 소크라테스의 사상은 두 가지 방법을 전개해 나가고 있다. 첫째의 방법은 소위 소크라테스적 반어법으로 상대방으로 하여금 자기가 무식하다는 것을 자각하도록 하는 것이다. 소크라테스의 너 자신을 알라 라는 명언은 델포이의 아폴로 신전에 새겨져 있다. 이 명언은 바로 소크라테스는 자기 자신을 아무것도 모른다. 그렇지만 나는 아무것도 모른다는 것만을 알고 있다. 라는 소위 반어법을 이용하여 타인에게 지식을 전달하려고 했다. 이와 같이 소크라테스는 겸손한 태도로서 자기의 무지를 고백함으로써 상대방이 자기의 지성을 알고서 따르라는 확고한 신념을 가지고 있었다. 소크라테스는 그의 이러한 반어법 이외에 또 다른 방법으로 자기 자신이 무식하다는 것을 안 후에 지식을 얻도록 도와주는 적극적인 방법을 쓰고 있다. 이와 같이 남의 지식을 도와주는 방법을 소위 소크라테스의 산파술 또는 조산술 이라고 부르는데 이 방법은 소크라테스의 모친의 직업으로부터 유래되어 졌다.

소크라테스의 반어법과 산파술을 합친 것이 소크라테스의 유명한 대화법 또는 문단법이며 소크라테스는 이것을 철학 하는 것이다 라고 규정하고 있다. 소크라테스는 그의 대화법을 실천하기 위해 30년 동안 아테네거리 어디든지 나타나서 지식을 전파하였다. 그의 사상은 인간이 지식을 내부적으로만 습득하도록 하는데 그치는 것이 아니라 그 습득된 지식을 행하도록 하는 소위 지행합일설의 사상을 주장하였다. 그가 가진 진보적 성향의 사상이 서양사상에 끼친 공헌은 이론적인 자연사상을 실천적인 정신사상으로 전향 시킨 데 있다. 소크라테스의 실천사상은 그의 국가나 법에 관한 사상에서도 나타나고 있다. 그에 의하면 국가란 단순한 이해관계에 의해서 성립된 것이 아니라 우주 만물에 의해서 형성된 것이다.

국가에 대해서는 복종하는 것이 진리를 찾는 것이며 국가의 법률에 복종하는 것이 정의를 실현하는 것이다. 그는 국가의 모함에 의해 감옥에 있을 때 간수로부터 탈옥의 권고를 받았으나 악한 시민이 옳은 법을 침범하는 것을 방지하기 위해서 선량한 시민이 악법을 따라야만 한다는 말을 남기면서 독약을 마신 후 죽은 일화는 유명하다.

2. 플라톤의 이상주의와 아리스토텔레스 현실주의

플라톤의 동굴론처럼 이상과 비전을 제시하라.

플라톤은 고대 그리스 도시국가 시대에 있어서 가장 뛰어난 철학자 중의 한 사람이다. 그의 출생 배경에 관해서는 정확하게 알려진바 없으나 문헌에 의하면 기원전 427년 경 아테네에서 태어나서 347년 경 그의 나이 80세가 될 때까지 살았다. 플라톤의 부모는 아테네의 전통 명문 집안이며 그의 두 형제 골라곤Glaugon과 아데만두스Ademantus는 플라톤의 대표적 저서인 국가론에서 중요한 역할을 하고 있다. 플라톤은 소크라테스의 제자이자 아리스토텔레스의 스승으로 21세에서 28세까지 소크라테스에게 배웠다. 플라톤은 소크라테스의 학문과 방법에 크게 감화를 받고 현실 정치에 뜻을 두었다. 그러나 스승 소크라테스의 처형과 아테네의 부패와 타락상을 보고 학문에만 전념하기로 결심했다고 한다.

플라톤은 소크라테스가 처형당한 후 남부 이탈리아를 여행한 후에 아테네 교외에 아카데미를 설립하여 제자들을 양성하였다. 이후 학문에만 전념하여 피타고라스 학파의 수학이나 소피스트들의 상대주의론 및 데모크리토스의 유물론 등을 집대성하여 고대 그리스 최대의 관념론적 철학자가 되어 플라톤주의적인 철학체계를 수립하였다. 그리스 철학자 중에서 최대의 저술가로 35편의 대화편과 서한집이 있으며 13세기까지 중세의 사상이 그의 영향 하에 있었다. 인류 역사상 아리스토텔레스와 더불어 그를 뛰어 넘을 철학자는 없으며 그가 서양철학사에 끼친 공헌은 지대하다. 따라서 동양에서 동양철학하면 공자라고 하듯이 서양철학하면 플라톤 철학을 바탕으로 하고 있다. 따라서 현대의 철학자들은 서양철학은 플라톤 철학에 주석을 붙이는 일에 불과하다 라고 말하고 있다. 이처럼 플라톤이 서양사상에 끼친 영향은 지대하며 플라톤은 하늘이 내린 철학자다 라고 말하고 있다.

플라톤이 태어나서 청년기까지는 아테네는 정치적으로 매우 불안정한 시기였다. 정치적으로는 다수의 통치 형태인 민주주의와 소수의 선택된 사람에 의해 통치되는 형태인 과두제가 반복되고 있었다. 특히 아테네와 스파르타간의 전쟁인 펠로폰네수스 전쟁 및 몇 차례의 혁명으로 인한 도시국가의 정치적인 불안정은 청년기의 플라톤에게 양당 모두가 부패와 타락 및 자기 개인들의 이익만을 추구하고 있다고 믿게 했다. 플라톤의 저서 《국가론》은 무엇이 도시국가에 있어서 정부가 해야 할 일인가를 보여 주는데서 출발하고자 했다.

플라톤의 사상에 깊은 영향을 준 것은 그가 청년기에 살던 아테네의 정치 상황과 스승인 소크라테스와의 대화에 있다. 소크라테스는 아무런 저술을 남기지 않았다. 아테네의 길거리 어디서나 사람들이 모이는 곳이면 어떤 장소든지 누구든지 와도 대화를 통해서 지식을 전달하고자 했다. 소크라테스가 사람들과 대화에 사용했던 방법은 소크라테스의 화술 또는 소크라테스의 대화법으로 유명하다. 플라톤의 국가론에서 많은 부분이 언급되고 있다. 이 방법은 오만한 아테네인들의 비위를 건드렸으며 그 결과 많은 적을 만들었다. 기원전 399년 소크라테스는 아테네의 젊은이들을 불손과 부패와 타락의 길로 유도하고 있다는 죄목으로 사형에 처해졌다. 그의 죄목과 처형에 관해서는 플라톤의 용서apology라는 대화 부분에서 언급되어지고 있다.

소크라테스의 죽음은 플라톤의 인생에 전환점이 되었으며 소크라테스의 생존 시까지 플라톤은 아테네의 정치에 적극적으로 관여하기를 원했다. 그러나 소크라테스의 죽음은 플라톤에게 큰 충격을 주었으며 이후 플라톤은 현실정치에의 참여를 포기하고 단지 철학가로서 연구에만 전념하기 시작했다. 플라톤이 믿기에는 철학의 이해만이 부패와 타락한 사회를 구할 수 있다고 믿었다. 소크라테스 사후 플라톤은 약 10년 동안 아테네를 떠나서 이탈리아 이집트 등 해외여행을 떠났다. 이 기간 도중 플라톤은 메가라라는 도시에서 대화형식인 《소크라테스의 변명Apolgia Socrates》을 저술하기 시작하였으며 이탈리아 여행 중에는 피타고라스 학파인 아르키타스Archytas를 만나 수학이 철학의 근원이라는 것도 알게 되었다. 그가 후일 아카데미를 설립하여 교육하는 동안 수학을 필수 과목으로 택한 이유가 여기에 있다.

10년간의 여행으로부터 돌아온 플라톤은 아테네에

다 아카데미를 설립하여 조직적인 교육을 실시하였으며 기원전 386년 플라톤은 아카데미를 설립하여 이곳에서 그의 생애를 마칠 때까지 가르쳤다. 플라톤이 설립한 아카데미의 목적은 철인 통치자를 양성하는데 있었다. 아카데미의 기본 교재는《국가론》이었다. 이 아카데미는 요즈음 서양 대학의 효시가 되었으며 중세기에 문을 닫을 때까지 약 1000년간 계속되었다. 플라톤의 아카데미가 배출한 가장 훌륭한 학자는 플라톤에게 19년 이상 배웠던 아리스토텔레스를 들 수가 있다. 플라톤의 아카데미의 목표는 이상국가론의 실현이었다. 이를 아카데미를 통해서 이루고자 하였으며 아카데미에서 배운 최고의 지식인은 상아탑에만 머무르지 말고 바로 현실 정치에 참여하여 국가에 봉사할 수 있는 기회를 찾아야 했다. 플라톤은 이것을 동굴 속의 영상에 비유하고 있다.

아카데미에서 배운 철인들은 동굴 속의 쇠사슬에 얽매여 있는 사람들을 동굴 밖의 밝은 곳으로 인도하여야 할 의무를 지니고 있다. 말년의 플라톤은 그의 일생을 거의 아카데미에서 교육에만 열중하였다. 특히 많은 정치인들이 그를 방문하여 현실 정치에 관한 조언을 받았으며 몇몇 정치인들은 그를 해외에까지 초청하기도 했다. 그의 아카데미 출신 제자들 가운데에는 많은 사람들이 현실정치에 참여하여 도시국가의 입법에 관여 하였으며 플라톤은 그들에게 많은 자문을 하였다. 플라톤은 기원전 347년 아테네에서 80세를 일기로 세상을 떠났다.

플라톤은 고대의 가장 위대한 사상가 중의 한 사람으로 불리고 있다. 그의 사상은 26편의 대화를 통해서 세상에 알려졌다. 그의 스승인 소크라테스와의 대화를 통해서 그의 사상을 나타내고 있다. 플라톤과는 대조적으로 소크라테스는 자신의 작품을 남기지 않았다. 단지 플라톤과의 대화에서 그는 자기의 개성과 인격을 잘 나타내고 있다. 그리스에는 소크라테스, 플라톤, 아리스토텔레스 3인의 사상을 나타내는 조각품이 있다. 소크라테스는 땅 밑을 내려다보고 있으며 반면 플라톤은 하늘을 향해서 쳐다보고 있다. 이들 두 사람 사이의 중간을 쳐다보는 사람이 아리스토텔레스이다. 소크라테스의 사상은 정신불멸성, 도덕기준의 주관성, 시대와 상황에 구애받지 않는 불변의 실체이다. 플라톤의 강의 방식은 소크라테스보다 더욱 공식적이었다. 소크라테스의 교육방법은 질문과 답변의 대화방식이었다. 반면 플라톤의 강의는 소크라테스 보다 공식적인 장소인 아카데미의 학교 강의실에서만 했다. 기원전 387년 플라톤의 나이 40세가 되던 해 세운 아카데미는 비영리목적의 순수한 지식추구를 위해 세워졌다. 그 당시 상인들에 의해서 영리를 목적으로 세워진 학교들도 있었다. 플라톤이 설립한 아카데미가 오늘날 대학의 효시로 부르기 때문에 플라톤은 오늘날 대학의 총장이라 볼 수 있다.

아리스토텔레스의 중용과 설득의 도를 지켜라

플라톤의 제자로서 당대 그리스 최고의 석학이며 철학자로서 아리스토텔레스를 들 수가 있다. 아리스토텔레스는 기원전 384년 트라키아Thracia의 스타게이라Stageira에서 태어났다. 그의 부친 니코마고스는 마케도니아 왕 아민타스 2세의 개인의사로 유명하다. 아리스토텔레스는 부친으로부터 초기의 지적 성장의 영향을 많이 받았다. 특히 그의 생물학이나 자연과학에 대한 관심은 그의 부친으로부터 물려받은 의학을 토대로 이루어 졌다. 아리스토텔레스는 그의 양친과 사별한 17세

되던 해 플라톤의 아카데미에 들어가기 위해 아테네로 갔다. 이곳에서 20년 가까이 수사학 교사로 머물렀다. 이 기간 동안 플라톤과 아리스토텔레스 간에 많은 인간적인 갈등에 관한 이야기가 있으나 확실한 근거는 없다. 그가 아카데미에서 공부하면서 대부분의 초기의 저서들은 플라톤의 사상에 크게 영향을 받았다. 플라톤의 사후에까지도 학문적으로나 인격적으로 플라톤을 존경하는 마음을 그의 윤리학에서 찾을 수 있다. 플라톤이 붙여준 별명이 독서광이었다. 그 후 아리스토텔레스는 아카데미에서 가장 뛰어난 학자 중의 한 사람이 되었다.

기원전 384년 플라톤이 죽자 플라톤의 생질인 스페우시포스Speusippus(BC. 395-339)가 학교의 학장으로 임명되었다. 아리스토텔레스는 학장인 스페우시포스Speusippos와는 개인적인 친분관계가 없었으며 학문적으로도 철학에서 수학까지 모든 분야에서 의견의 대립을 가져왔다. 그 결과 아리스토텔레스는 아카데미를 떠나게 되었다. 그러나 일부 학자들은 그가 아카데미를 떠난 것은 스페우시포스가 물러 받은 학장 자리를 아리스토텔레스가 승계하지 못했기 때문인 것으로 본다. 이후 몇몇 학생들을 데리고 아카데미 시절부터 가장 친한 친구이자 소아시아 근처의 작은 도시인 아트라누스를 통치하는 헤르미아스Hermias에게로 갔다. 그곳에서 아리스토텔레스는 헤르미아스의 사촌과 결혼하여 헤르미아스가 제공한 트로이 근처의 아소스에다 자신의 학교를 설립하였다. 몇 년 후 헤르미아스가 친 페르시아 일당에게 살해되자 아리스토텔레스는 신변의 위협을 느껴 더 이상 그곳에서 머물러 있을 수 없게 되었다. 곧 아카데미 시절의 친구인 데오프라스토스Theophrastos(BC. 372-288)의 집인 레스모스 섬에 있는 미테렌스에 그의 가족을 데리고 갔다. 그곳에서 3년을 보내면서 생물학을 공부하기 위한 자료를 모집하는데 시간을 보냈다. 이곳에서 3년간의 공부는 아리스토텔레스가 그의 사상을 완전히 바꾸는 계기가 되었으며 특히 플라톤의 철학으로부터 탈피하기 시작했다.

기원전 343년 마케도니아 필립왕의 13세 된 왕자의 가정교사로 제의를 받아 가족과 함께 마케도니아의 수도인 펠라로 옮겼다. 그곳에서 약 8년간 머물렀으나 알렉산더가 아버지와 함께 정치에 관여했기 때문에 가정교사로서는 약 4년 밖에 일하지 못했다. 그 후 알렉산더와 아리스토텔레스 사이는 좋은 친구가 되었다. 그러나 알렉산더의 경력이나 사상으로 미루어 그의 교육은 알렉산더에게 크게 영향을 주지 못했다. 기원전 335년 마케도니아 필립왕이 암살되자 알렉산더가 왕이 되었다. 얼마 후 알렉산더가 그리스 국가들을 평정한 후 페르시아 및 동방국가들의 원정에 나서자 아리스토텔레스도 동행하여 동. 식물 및 광물 등을 채집하여 관찰하였다. 원정 동반에서 돌아온 후 자신의 교육 기관인 리케이온Lykeion을 설립하였다. 이 리케이온은 후에 페리파토스 학파 또는 소요학파라고 불렀다. 아리스토텔레스가 매일 아침 일찍 그의 제자들과 산보하면서 다양한 주제를 가지고 강의를 하였기 때문에 소요학파라고 불렀다.

아리스토텔레스는 아테네에서 12년 동안 머물면서 저술 및 강의를 하였다. 그의 강의는 결론을 내리기 전에 경험적인 연구와 축적된 자료를 이용하였다. 리케이온은 플라톤이 세운 아카데미의 경쟁 학교로서 그 후 약 800년 동안 존속하였다. 기원전 323년 알렉산더가 페르시아에서 죽었을 때 아테네 및 그리스에서는 반 마케도니아 감정이 일어났으며 알렉산더의 친구이자 가정교사인 아리스토텔레스가 그 첫 희생자였다. 아테네의 자유를 박탈한 알렉산더의 친구라는 이유에다 소크라테스와 마찬가지로 무신론자라는 누명까지 쓰게 된 아리스토텔레스는 아테네인들로부터 고발당했다. 그의 나이 62세 되던 해인 기원전 322년 그의 어머니의 고향이자 사유재산이 있는 하르키스Harkis에서 세상을 떠났다. 아리스토텔레스가 죽은 시기는 폴리스가 완전히 붕괴된 것과 같은 시기였다. 그의 오랜 친구인 테오프라스토스가 그를 계승하여 리케이온의 학장이 되었다. 또한 그의 아들과 제자들이 그의 강의 내용을 기록 보존하는데 공헌하였다.

아리스토텔레스의 윤리학이나 모든 분야의 연구에 있어서 그의 방법론은 그의 진보적 사상에 기원을 둔 비평적이고 경험적이며 그의 연구방법론은 현대사회과학의 관점에서 보면 상당히 진보주의적인 경험적인 접근방법이다. 어떤 분야에 있어서도 우선 자료를 모으기 시작하고 그 다음으로 모든 상관되는 사실들을 단위별로 선정하여 서로 상관되는 것들을 체계적으로 분석한다. 이렇게 분석한 정확한 사실들을 토대로 하여 어떠한 규정이나 법칙을 만들어서 일반화 시키려고 한다.

일반적으로 아리스토텔레스는 귀납적인 접근방법을 이용하여 관찰들로부터 일반적인 사실을 만들어내는 방법을 사용하였으며 그의 방법론은 삼단논법을 사용하고 있다. 이 방법은 두 가지 주제를 사용하여 하나는 평범한 방법을 사용하고 하나는 특수한 방법으로 구분하여 끝으로 결론을 내리고 있다. 예를 들면 평범한 주제로서 모든 사람은 죽는다. 라는 주제와 특수한 주제로서 소크라테스는 사람이다. 라는 주제를 상호 관련시켜서 결론을 내리고 있다. 결론은 소크라테스는 죽는다. 라는 추론적인 방법을 사용한다. 아리스토텔레스의 방법은 플라톤의 방법과는 다르다. 플라톤은 인간이 척도가 되어야 한다는 원칙을 무시하고 이상적으로 존재하는 절대적 원칙과 기준을 세우고 있다. 그러나 아리스토텔레스는 이러한 추상적이고 절대적인 기준의 존재를 부정하고 있다. 똑같은 문제에 대해서 경험적인 관찰과 논리적인 분석에 의해서 어떤 사실의 특성을 결정한다. 또한 아리스토텔레스는 자료에 의한 실험의 결과에 의존하지 않고서는 결코 가설을 설정하지 않는다.

아리스토텔레스의 작품과 방법은 서양 사상의 발전에 크게 공헌 하였다. 특히 그의 방법론은 초기 중세의 학자들에 의해서 무시당하기 는 했으나 그의 사상은 토마스 아퀴나스에 의해서 진정한 사상가로 불러졌으며 단테에 의해서 모든 것을 알고 있는 지식인이라는 평으로 존경을 받았다. 아리스토텔레스의 기술과 영향은 후기 중세 사회에 크게 영향을 끼쳤으며 경험과학과 자연과학의 시조로 불리고 있다. 그가 공헌한 학문 분야는 논리학, 심리학, 정치학, 문학비평, 과학적인 연구방법, 생물학 등 모든 자연과학 분야이다. 아리스토텔레스가 인류문명의 발전에 기여한 영향에 대해서 일부 학자는 크게 평가하고 있고 일부 학자는 적게 평가 하고 있어서 현재까지도 논란의 대상이 되고 있으나 그가 사상가로서 인류의 학문 발전에 기여한 공로가 크다는 것만은 어느 누구도 부인할 수 없는 사실이다.

제 7 장
중세 신 중심의 철학

플라톤과 아리스토텔레스의 사상에 크게 의존하고 있던 도시국가는 기원전 322년 아리스토텔레스가 죽은 후 마케도니아의 필립왕과 알렉산더대왕이 만들어 놓은 거대한 왕국의 일부분이 되어 버렸다.

그리스 도시국가에서 거대한 왕국으로 변화는 사상에 변화를 가져오게 되었다. 개인 각자는 도시국가의 독립으로부터 거대한 왕국의 틈에 끼여 작고 무기력한 단위로 변했다. 따라서 황혼기에 들어선 도시국가 시민들은 국가의 정치에는 관여하지 못했으며 개인들의 범위 내에서 개인의 만족과 행복을 추구하는데 그쳤다. 이러한 시대에 초기에 나타난 사상은 에피큐로스 학파

Epicureanism와 스토아 학파Stoicism를 들 수가 있다. 에피큐로스 학파의 창시자인 에피큐로스의 사상은 간략하게 요약하면 국가란 개인의 행복을 위해서 반드시 필요한 수단 이외에는 더 이상의 것은 아니다. 합리적은 사람은 이상적인 생활의 조건으로서 그 자신의 것만을 사용하면 된다. 에피큐로스에 의하면 개인의 쾌락의 추구 및 만족은 인간의 가장 좋은 목적이며 인간은 정치적으로나 사회적으로 독립해서 자신을 추구해나가면 된다. 에피큐로스의 이러한 진보적 사상은 개인의 현실형태로 나타나서 개인의 방종의 구실로 밖에 볼 수 없을 정도로 나타났다. 그러나 사회적으로나 정치적으로 조건이 어떻든 간에 인간의 개인적인 내면에서 이상을 찾는다는 것이 그 전의 플라톤이나 아리스토텔레스의 사상과는 다른 당시 사회에 도전하는 진보적 사상인 것이다.

에피큐로스와는 다른 학파는 스토아 학파이며 대표적인 학자는 제노였다. 제노의 사상은 개인의 정치적 무기력한 상황을 가장 강하게 반박하였다. 인간사회의 정치적 변화에도 불구하고 인간 개인의 중요성을 나타내려고 했다. 스토아 학파의 진보적 개인주의적 형태는 에피큐로스 학파에서 보다 더욱 강하게 나타났다. 스토아 학파의 진보적이고 도전적인 사상은 로마인들의 기질 속에 역력히 나타나 있으며 로마의 보통법과 로마 시민권에 이 사상이 포함되어 있다. 그 후 스토아 학파의 사상은 크리스천 사회에서 인간의 교회구성원으로서 형태와 신의 의식에 관한 새로운 형태의 사상으로 나타났다. 따라서 스토아 학파가 비록 개인적인 차원에서의 강령에다 역점을 두기는 하지만 로마의 제국주의와 크리스천 종교에다 근본 원칙을 두고 있다.

1. 에피큐로스의 쾌락추구 철학

에피큐로스 학파의 창시자인 에피큐로스Epikuros는 기원전 340년 경 사모스섬에서 출생하여 데모크리토스의 신봉자로 알려져 있다. 그의 당시 사회에 도전하는 사상은 인생의 최고의 행복은 쾌락의 추구에 있으며 육체적 쾌락 보다는 정신적 쾌락을 더욱 중요시 하였다. 그는 개인은 국가나 정치에는 무관심해야 하며 오직 개인의 사생활에만 열중해야 하며 숨어서 살지어다 라는 명언을 남겼다. 에피큐로스의 진보적 사상에 의하면 국가란 단지 개인의 행복을 위해서 필요한 수단에 불과하며 합리적인 사람은 이상적인 생활조건으로서 개인의 쾌락추구 및 만족을 위해서 추진해 나가야한다. 또한 인간은 정치적으로나 사회적으로 독립해서 자신의 쾌락을 추구해 나가면 된다는 것이다. 그러나 잘못 이해하면 에피큐로스의 개인쾌락추구 사상은 개인의 방종의 구실로만 보여 질 수 있다.

사회의 정치적인 조건이야 어떻든 간에 인간의 개인적인 내면에서 이상을 찾는 다는 점이 이전의 플라톤이나 아리스토텔레스의 사상과는 다른 점이다. 에피큐로스가 아테네에 세운 학교는 남녀 노소를 불문하고 모두 집단생활을 해야 했으며 노예나 창녀들 까지도 집단 거주생활을 하여 주위의 학교들로부터 많은 비난을 받았다. 에피큐로스가 세운 학교는 매우 엄격하였다. 학생들이 검소한 생활을 하도록 교훈으로 삼았으며 음식도 주로 물과 빵만을 먹었다. 검소한 생활을 강요한 이유는 호화로운 생활로부터 생기는 고통은 검소한 생활로 인하여 생기는 고통보다 더욱 크기 때문이다. 따라서 에피큐로스는 육체적인 쾌락보다도 정신적인 쾌락을 더욱 중요시했다. 정신적인 쾌락을 추구하는 가장 좋은 방법은 개인 각자가 자기의 마음을 고유하고 만족스러운 상태로 지켜나가는 일이다.

에피큐로스의 당시 사회에 도전하는 사상은 데모크리토스로부터 자연적인 유물론을 개인적인 차원에서 도입하여 개인 각자가 자기의 행복을 추구하는 윤리학으로 변경시켰다. 따라서 에피큐로스의 사상은 플라톤이나 아리스토텔레스 등 그리스 도시국가 사회의 사상가들이 개인보다는 도시국가 자체의 이익과 행복을 중요시 했던 사상에 반기를 들었다고 볼 수 있다. 에피큐로스에 의하면 국가는 개개인의 안전과 행복을 지켜주기 위해서 존재하는 것이며 각자는 자기의 이익과 쾌락을 추구하기 위해서 노력하여야 한다. 그가 보는 사상사적인 관점에 의하면 문제는 인간 개개인의 쾌락과 이익의 추구는 다른 사람들과 마찰을 초래 할 염려가 있다. 더욱이 모든 인간은 본성적으로 이기적이기 때문에 그대로 두면 폭력과 불의가 난무하는 사회가 우려된다. 따라서 개인 각자는 의무적인 동의하에서 국가를 만들었다는 계약론적 국가관을 주장하고 있다.

키니코스 학파와 오직 부러운 것은 개와 같은 생활뿐이라

키니코스 학파Cynicism는 소크라테스의 사상을 이어받아 발전시킨 학파이다. 이 학파의 최초의 창시자인 안티스테네스Antisthenes는 소크라테스의 제자로서 나이가 플라톤 보다 20세가량 위였다. 그의 성품은 당시 정상적인 사회인들이 볼 때는 괴짜라고 불리울 정도로 개성이 강한 사람이었다. 안티스테네스는 소크라테스의 죽음에 크게 영향을 받았으며 소크라테스가 죽은 후에는 그의 귀족적인 생활태도에 갑자기 변화를 가져왔다. 그의 옷차림은 걸인과 같이 하고 다녔으며 항상 빈민들, 노동자, 걸인들과 동행하고 다녔다. 강의도 학교 밖에서 했으며 개와 같이 생활하려고 노력했으며 또한 개와 같은 생활을 즐겼다. 따라서 이 학파를 개와 같은 학파 즉 키니코스 학파라고 한다.

키니코스 학파는 사회로부터 도피사상이라고 볼 수 있으나 이면에는 혁명의 정신이 누적되어 있는 사상이었다. 그들의 사상은 도시국가 사회에서 최하류를 이루고 있는 계급의 항의라 볼 수 있다. 그들의 주장은 도시사회에서 존재하는 계급의 철폐, 빈부격차 금지, 도시 일반인과 노예의 차별대우 금지 등 범세계적인 차원에서 모든 인간의 평등과 동등한 사상을 주장하고 있다. 안티스테네스의 사상은 인간은 사회로부터 생기는 재산 욕, 명예욕, 혼인, 종교 등 모든 관습적인 규범으로부터 벗어나서 사회에 대해서는 아무런 의무도 지지 않는다. 인간은 자기 스스로가 자연의 이치에 따라서 행동하는 것이 바로 선을 수행하는 길이라고 믿었다. 따라서 그의 사상은 자연으로 돌아가야 만 한다는 사회에 대한 비판적인 것이며 국가에 대한 도전적인 사상인 것이다.

같은 키니코스 학파인 디오게네스Diogenes(B.C. 412-325)는 안티스테네스의 제자로서 고리대금업자의 아들로 태어나서 모든 화폐는 불태워 버리고 개와 같은 걸인 생활을 하였다. 안티스테네스의 제자이기는 하지만 키니코스 학파를 대표하는 디오게네스는 정처 없는 방황생활로 일생을 보냈다. 그의 생활은 키니코스 학파 하면 디오게네스 할 만큼 철저하게 개와 같은 걸인 생활을 하였다. 그는 이 세상의 인간사회에서 존재하는 화폐, 명예, 지식, 관습, 예의 등 모든 것을 부인하는 사회에 도전하는 진보적 사상가이다. 오직 부러워하는 것이 있다면 개의 생활관을 부러워했으며 개의 생활이 가장 행복한 생활이라고 믿었다. 개의 생활은 인간들이 가지고 있는 모든 위선적인 행동이라든가 명예욕이나 수치심으로부터 해방되어서 만족한 생활을 누리고 있다는 것이다.

디오게네스는 평생 걸인 생활을 하면서 큰 원통형의 통나무에 숨어 살았다. 그의 사상을 대변해 주는 일화는 디오게네스가 알렉산더 대왕과의 일화에서 나타나고 있다. 알렉산더가 그의 괴팍스러운 생활에 관심을 가지고 그를 방문해서 그에게 무엇을 원하는가라고 물었을 때 디오게네스는 그가 원하는 것은 단지 알렉산더대왕이 그의 앞에서 햇빛을 가리고 서 있지 말고 옆으로 비켜서주는 것만을 원한다는 유명한 일화가 있다. 디오게네스의 사상은 우리가 보기에는 단지 사회 현실에 대한 도피적인 사상으로 보기 쉬우나 사실은 그의 사상은 철저한 현실주의 사상을 부르짖은 사회에 도전하는 사상이었다. 개와 같은 생활을 부르짖은 이유는 모든 인간이 가지고 있는 모든 욕망으로부터 해방되어서 덕을 향해서 행동하기를 원했기 때문이다.

그의 사상은 당시 헬레니즘 사회에서 차별당하고 있

는 사람과 사회 부조리에 대한 강한 도전이었다. 따라서 그의 사상은 당시 헬레니즘 사회에 깊숙이 파고들어서 그 당대의 사회에 크게 영향을 주었다. 이러한 키니코스 사상은 다음의 스토아 사상의 모태가 되었다.

스토아 학파와 벼룩의 존재는 인간의 잠을 깨우기 위해서다. 고대 그리스 도시국가 사회의 사상은 개인보다도 도시국가의 번영을 위해서 개인을 희생시켜야 한다는 것이었다. 이러한 사상은 아리스토텔레스가 죽은 후 정치적 환경의 변화에 의해서 개인의 만족과 쾌락을 추구하는 국가에 도전하는 진보적 사상으로 변화되었다. 이처럼 개인의 행복과 쾌락을 추구하는 대표적인 학파로서 스토아 학파와 에피큐로스 학파를 들 수 있다. 스토아 학파는 기원전 4세기 중반부터 제논에 의해서 창건되어서 180년 경 로마황제 마르쿠스 아우렐리우스가 죽을 때까지 약 4세기 반 동안 계속되었다.

제논은 스토아 학파의 대표적인 진보주의 학자로서 아테네에서 살았으나 원래는 사이프러스섬에서 태어나서 그곳에서 성장하였다. 제논은 인간사회의 모든 법률의 제정보다는 자연법을 중요시 하였다.

제논에 의하면 인류는 각자 다른 정의의 법칙 하에

각기 다른 도시에 나누어져 살아서는 안 된다. 공동의 목장에서 풀을 뜯는 양과 같이 공동의 법아래 오직 하나의 생활과 하나의 질서를 이루고 살아야 한다. 제논은 급진적 진보적 유물론자였으며 키니코스 학파와 헤라클레이토스 학파를 결합한 교설을 주장하고 있다. 그는 헤라클레이토스가 주장하는 만물의 근원은 불이다라는 생각을 따와서 정신이 인간의 육체에 있어서 불과 같다. 신이란 단순히 어느 곳에나 있는 단순한 불이며 이 세상은 완전히 질서가 정연하고 운명적이다. 제논은 후기 스토아 학파들과 같이 점성술을 믿었으며 별들이 어떤 신적인 능력을 가지고 있다고 믿었다.

제논에 의하면 모든 자연현상과 법칙은 우연에 의해서 이루어진 것이 아니라 신의 섭리와 자연의 법칙에 의해서 이루어진 것이며 자연이 일정한 목적을 달성하기 위해서 이루어진 것이다. 예를 들면 돼지가 존재하는 이유는 인간들의 식용을 위해서 존재하며 벼룩이 존재하는 이유는 인간들이 아침에 일찍 일어나도록 깨우기 위해서이다. 따라서 자연은 존재 이유를 분명히 가지고 있으며 인간은 자연과 조화를 이루는 곳에서 선과 덕을 찾을 수 있다. 인간의 일상생활은 덕을 지켜나가는 것이 올바른 길이다. 이러한 덕을 지켜나가기 위해서는 인간사회에 존재하는 물질적인 재산이나 명예와 같은 세속적인 욕망으로부터 벗어나야만 완전한 자유의 몸으로 순수한 인격자가 된다. 따라서 제논을 비롯한 스토아 학파의 특징은 우주에 존재하는 만물의 결정론에서 출발하여 인간의 자유의사를 내세움으로서 덕을 주장하는데 있다.

스토아 학파의 사상도 에피큐로스 학파와 같이 인간의 행복의 추구에 있다. 그러나 에피큐로스 학파는 인간의 행복을 쾌락에서 구했으며 스토아 학파는 인간의 행복을 금욕으로부터 얻을 수 있다는 사상으로부터 출발 하였다. 따라서 인간은 행복하기 위해서는 모든 욕정으로부터 벗어나서 자율적인 경지에 이르러야한다. 자신과의 일치 및 자연에 맞추어서 생활하여야 하며 극기의 덕을 추구하는 것이 스토아 학파의 목표인 것이다. 이러한 자신의 극복이 스토아 학파의 목표이기 때문에 오늘날까지 스토이즘하면 금욕주의를 연상하게 한다.

신플라톤 학파와 인간의 악에 대한 투쟁

신플라톤 학파Neoplatonism의 대표적인 사상가로서 플로티누스를 들 수가 있다. 플리토누스Plotions는 기원후 204년 경에 이집트의 리코 폴리스에서 태어나서 알렉산드리아의 암모니우스 삭카스Ammonius Saccas 밑에서 배웠으며 삭카스가 죽은 후 로마에 학교를 세워 약 25년간 이곳에서 강의를 하였다. 플로티누스Plotinus의 사상적 기여는 플라톤의 사상을 중심으로 아리스토텔레스와 스토아 사상을 결합하여 발전시켰다. 그는 고대사상과 아우구스티누스를 잇는 다리 역할을 하였다는 점에서 공헌을 크게 평가받고 있다. 플로티누스는 플라톤, 아리스토텔레스, 피타고라스, 스토아 등 모든 사상을 집대성하였다. 그는 당시에는 진보적인 사상인 플라톤 사상에 바탕을 두었기 때문에 플로티누스를 중심으로 한 사람들을 신플라톤주의 학파라고 부른다. 플로티누스는 플라톤의 이상국가론에 근거를 둔 플라토노 폴리스라는 이상도시를 건설할 계획을 세웠으나 그 뜻을 이루지 못했다. 그는 전 54편에 달하는 글을 썼다. 그의 제자 프로티리오스에 의해서 다시 9편 6권으로 나누어

안네아세 라는 이름의 저서로 후세에 남겨졌다.

신플라톤 학파인 키케로Cicero는 기원전 106년부터 43년까지 살았던 대 사상가였다. 그가 활동하던 시대는 전 세계가 기독교 중심의 중세시대가 성립되기 바로 전인 로마시대였으며 이 시대에 가장 영향력 있는 사상가 중의 한 사람이었다. 그는 로마법에 근거를 둔 금욕주의에 의해서 자연법과 보통법으로 구분하였으며 신에 의한 법과 인간에 의한 법으로 분류하였다. 키케로의 이론은 모든 인간은 동등하다는 사상에 근거를 두고 있다. 인간은 그의 능력이나 재산에 의해서는 필연적으로 동등하다는 것은 아니지만 선과 악 사이에 합리적으로 판단하는 능력에 따라서 구분하여야 한다.

키케로에 의하면 국가란 개인 각자가 자기의 주관에 따라서 합리적인 방법으로 판단하는 개인들로 구성되어 있는 도덕적인 집단이다. 국가란 어떤 행동과 관련된 사람들의 각 집단을 말하는 것이 아니다. 국가란 상호간의 이익을 위한 집단에 참여할 욕망에 의해서 법과 권리에 관한 공동적인 동의에 의한 사람들의 단체를 말한다. 이러한 키케로의 국가에 관한 시각에서의 정의는 만민법과 개인의 동등성의 원칙이 국가의 개념에 잘 적용되었는지 하는 것을 보여준다. 그가 주장하는 금욕주의에 관한 기본원칙은 민주주의의 원칙, 법치주의의 원칙, 정부의 도덕적인 차원에서 지켜야 할 기본원칙 등 현재의 자유민주주의 원칙에 대해서 크게 영향을 미치고 있다.

키케로와 더불어 또 다른 로마 대 사상가는 세네카Seneca이다. 세네카는 기원 전 3년부터 기원 후 65년까지 살았다. 네로황제의 통치기간동안 집정관으로 황제가 독재정치를 못하도록 막았으며 네로가 자살하도록 강요까지 했다. 세네카가 태어날 당시의 로마사회의 모든 권력은 황제에게 주어져 있었으며 절대적인 권력형태의 정부가 되어야 한다는 이론이 지배적으로 작용하고 있었다. 그러나 세네카는 절대적인 권력은 옳은 사상을 가진 개인이나 계급에 주어져야 한다는 당시사회에 도전하는 사상을 주장했다.

세네카가 살던 시대는 폭군정치가 난무하여 정치적으로 부패와 타락된 사회였다. 세네카는 개인이 시민으로서 존재하는 시민국가와 인간이 그의 합리적 도덕성에 의해서 살려는 합리적으로 구성된 국가의 두개의 형태로 나누고 있다. 이러한 양분적 성격에 역점을 두고서 세네카는 그 당시의 정치적 타락성에 대해서 더욱 당황과 실망을 거듭하였다. 세네카는 그리스도 하에서 지배되는 세계와 타락된 인간세계로 구분하고 있다. 그리스도 세계가 아닌 당시의 인간 사회는 암흑기였기 때문에 올바른 교훈에 의해서 인간을 위로하고 교훈을 주도록 하고 있다. 세네카에 의하면 인간은 보다 합리적이고 더욱 타당한 국가의 선을 추구하도록 노력하여야 하며 모든 지도자들은 악을 치유하도록 준비하여야 한다. 세네카의 국가관은 플라톤이나 아리스토텔레스의 국가관과는 정반대의 대조적인 견해를 가지고 있다. 플라톤이나 아리스토텔레스에 의하면 국가란 최선의 생활을 누리기 위한 필수조건이다. 그러나 세네카에 의하면 국가는 인간의 악에 대해서 투쟁을 하여야 하며 그렇지 못하면 인간의 행복을 억압하는 강압단체이다.

그리스도교의 영향과
아우구스티누스의 인간은 오직 신에게만 의존하라

예수는 세네카가 활동하던 시기에 태어났다. 그리스도교의 사상은 그 후 14세기까지 전 세계의 사상에 영향을 미쳤으며 아울러 그리스도 사상은 전 세계의 모든 사회에 대해서 크게 영향을 미쳤다. 기독교 사상은 인간의 생활을 이분화 시키고 있다. 인간이 현실의 지상 국가에서 일원으로서 뿐만 아니라 인간이 죽은 후 천국에서 까지도 국가의 일원으로서 영원히 존재한다는 현실국가와 천국의 국가에서 인간생활로 구분하고 있다.

중세기 전반을 통해볼 때 인간의 사회생활을 지배해 나가는데 있어서 국가의 역할은 교회보다 훨씬 작았다. 정치적 지배자와 성직자들 간의 갈등은 지배자들에게 정치형태의 범위와 한계에 대해서 논쟁의 대상이 되었으며 일반적으로 논의의 대상은 권위에 대한 것이었다. 정치지배자와 성직자들은 성서, 신부, 교회역사의 유래에 대해서 논의 하였다. 따라서 중세의 사상은 완전히 교회나 성서의 교리에 복종하는 것이 아니라 교리를 번역하거나 적용하는데 있어서 그리스나 로마의 그리스도에 대한 이단자들의 사상을 도입하여 논쟁을 삼았다. 중세기의 사상은 고대의 이론에다 새로운 문화조건을 적용했다. 더욱이 그리스도 교리의 일부는 인간행동 평가를 위한 깊은 암시가 들어있는 지침서이다. 따라서 중세시대는 결코 사상의 발전에 있어서 불모의 시대라고는 볼 수가 없다.

성 아우구스티누스St. Augustine는 고대 사상을 중세 그리스도 사상으로 바꾸는데 중간적 역할을 한 중세기의 중요한 사상가 중의 한 사람이었다. 아우구스티누스는 일반적으로 고대의 가장 위대한 신부로 불리고 있다. 아우구스티누스는 무신론자인 아버지와 진실한 기독교 신자인 어머니 사이에서 아프리카의 넘이디앙에서 태어났다. 그는 기독교 교육을 받기는 했으나 젊은 시절은 그리스도교와 가장 경쟁교인 마니교를 믿었다. 아우구스티누스가 기독교로 귀의한 것은 30대 초반이었다. 그가 기독교에 귀의한 것은 어머니의 간곡한 권유와 주교 암부로스의 영향 때문이었다. 아우구스티누스는 교회에서 급성장 한 결과 마흔 두 살에는 아프리카 히포의 주교가 되었으며 그 후 그가 죽을 때까지 45년 동안 같은 자리를 지켰다.

아우구스티누스의 참회록은 루소의 참회록과 톨스토이의 참회록과 더불어 세계 3대 참회록으로 유명하다. 참회록을 제외한 대부분의 서적들은 기독교에 관한 종교서적들의 번역과 기독교를 보호하기 위해서 저술되었다. 그의 많은 작품들은 기독교이외의 다른 종교들을 비판하기 위해서 썼다. 그의 대부분의 대표작들은 몇몇 성서들을 평하는 서적들이다. 그중 가장 유명한 책은 신국론이며 그가 신국론을 쓰는데 10년 이상 걸렸다. 신국론에서 아우구스티누스의 사상이 가장 잘 나타나 있다. 아우구스티누스의 사상은 중도주의 입장에서 시작되고 있다. 인간의 본성을 육체적으로 인간세계와 정신적으로 인간세계의 두 가지 종류로 나누고 있으며 지상에서의 도시민과 천국에서의 도시민으로 구분하고 있다.

아우구스티누스의 생애는 강렬한 활동으로 이루어 졌으며 그의 작품은 거대하다. 그의 작품은 350편에 달하는 논문과 500편의 설교집과 200여 편의 편지를 들 수가 있다. 그러나 그의 작품 전부는 영어로 번역되어 있지 않다. 세계 삼대 전집인 《참회록》은 반은 그의 자서전이며 반은 신학으로 구성되어 있다. 참회록의 대부분은 감사와 청원으로 구성되어져 있으나 대부분은 참회에 대한 기도로 구성된 정신적인 세계에 치중하고 있다.

아우구스티누스의 철학은 그리스도교 보다는 플라톤주의에로 전환이다. 그러나 후세의 대부분 학자들이 볼 때 그의 철학은 말년까지도 플라톤주의와 크리스천주의 사이에서 심한 방황을 하였다. 중세 신중심의 세계에서 두개의 거대한 사상적 산맥은 아우구스티누스의 플라톤주의 사상과 토마스 아퀴나스의 아리스토텔레스주의 사상으로 나누어서 구별된다. 따라서 토마스 아퀴나스하면 아리스토텔레스사상의 부활이라고 하듯이 중세 초기의 신 중심의 사회에서 아우구스티누스하면 플라톤 사상의 맥을 이은 대표적인 사상가이다.

토마스 아퀴나스와 스콜라와 장미의 이름으로 아리스토텔레스 철학을 다시 부활시키다

후기 중세사상은 스콜라사상scholasticsm이라고 부른다. 스콜라사상이란 그리스도교의 교리와 합리적인 사상을 조화시키는 학문이다. 모든 스콜라 사상가들은 교회의 강령은 절대적으로 받아들이고 있다. 그러한 강령들은 인간의 이성과 부합하여야만 한다. 기독교 사상과 인간의 이성의 부합에 관해서 진보주의적인 관점에서 크게 공헌한 학자로는 12세기의 피터 롬바르트, 13세기의 알버트 마르누스, 토마스 아퀴나스, 둔스 스코트 등을 들 수가 있다. 이러한 학자들의 연구대상은 현실적인 면에서 인간의 윤리관이나 사회적인 문제를 형이상학적이고 본체론적이며 이론적인 차원에서 접근을 시도하였다.

스콜라 사상의 방법은 공식적이고 추론적이며 모든 질문에 대해서 삼단 논법식의 체계적인 적용, 권위에 대한 균형, 단어들의 정의 등을 체계적으로 정립하였으며 스콜라 사상가들의 연구는 13세기 후반에 아리스토텔레스의 과학적 윤리적 차원에서 재발견 되면서 스콜라사상은 극치를 이루었다. 아리스토텔레스의 작품들은 중세기에 알려져 있던 어떤 학자들의 작품보다 더욱 체계적이고 분석적이다 라는 평을 받게 되었다. 13세기 스콜라 사상의 특성은 성서에 나타나 있는 교부신학의 이론과 전통적인 교회사상을 아리스토텔레스에 의해서 이루어진 인간의 이성과 합쳐서 더욱 높은 차원의 학문으로 올리는데 기여했다. 이러한 세 가지 사상인 성서에 나타난 교회신학, 전통교회사상, 아리스토텔레스 사상의 세 가지 사상 중에서 교회 신학과 전통 교회 사상은 서로 부합될 수 없는 많은 점을 가지고 있으나 양 사상 모두가 아리스토텔레스의 사상과는 모두 합치할 수 있는 점을 가지고 있다.

스콜라 철학의 대가가 바로 토마스 아퀴나스이다. 토마스 아퀴나스의 작품들은 대부분 독선적인 이론들이기는 하나 그의 법률에 관한 정의와 분류는 신학자들이나 후세 법률가들에게 큰 영향을 끼쳤다. 특히 그의 왕권의 권력의 범위 및 왕의 통치권에 관한 연구는 다른 어떤 학자들보다 더욱 발전적인 사상을 가지고 있다. 토마스 아퀴나스는 13세기 초에 나폴리 왕국의 명문가의 후손으로 태어났다. 아퀴나스는 사상가이자 신학자 이었으며 파리, 나폴리, 로마 등에서 강사와 교수 등을 했다. 그는 젊은 시절부터 교회에 봉사하는 일에 적극적이었으며 도미니칸 수도원에서 일했다. 토마스 아퀴나스의 연구 경력과 저서는 아우구스티누스와 더불어 로마 교회에 끼친 영향은 지대했으며 아우구스티누스와 함께 가장 훌륭한 신학사상가로 추대되고 있다.

그의 저서인 《신학대전Summa Theologica》은 아리스토텔레스의 사상과 교회의 사상인 교부사상을 전반적으로 분류 해석하여 아리스토텔레스 사상과 교부사상을 이해시키려고 노력했다. 아퀴나스의 정치학적 학술논문인 〈왕의 통치Rule of Prince〉는 당대로서는 상상하기 힘든 시각에서 시민 정부의 기원과 근본법칙, 가장 좋은 형태의 국가, 국가의 통치영역 등을 다루고 있다. 왕의 통치라는 논문은 군주제형태의 정부가 어떤 다른 형태의 정부보다 낫다고 보고 있으며 현재의 정부보다도 교회가 우월하다는 교회 우월성에 관한 의견을 보여주고 있다. 토마스 아퀴나스의 가톨릭 교권이 현 정부보다도 우위에 있다는 사상은 교황 레오 13세에 의해서 신학을 바탕으로 한 이론이 정립됨으로서 교권의 우월성이 극치에 달했다.

국가와 교회에 있어서 상대적인 권위에 대한 복잡한 논쟁은 중세기 동안 계속 되었으며 이러한 시대의 대표적인 인물이 성 토마스 아퀴나스이다. 아퀴나스는 신성한 교회의 교훈을 실지로 가르쳤을 뿐만 아니라 철학적이고 과학적인 사실도 잘 조화시켜 융합해 나가고자 한 사람 중의 한 사람이다. 이러한 철학적이고 과학적인 방법에 필요한 것이 13세기 아리스토텔레스 작품들의 재발견이었으며 1260년경에 그리스 아리스토텔레스의 《정치학》의 번역이었다. 아리스토텔레스의 전제는 인간의 이성은 진리에 대한 최종적인 중재인이며 특수과학의 발견은 철학에 의해서 제공된 최종적인 통합을 조정하고 통합하는 것이라고 보고 있다. 토마스 아퀴나스는 이러한 과학적이고 철학적인 법칙을 부인 하지는 않았지만 만일 우주가 궁극적으로 신비에 싸여 있지 않다면 신성한 교회의 성서에 의해서 보충되어야 만 한다는 것이다. 성서의 발견은 과학과 철학 간의 모순을 보여주는 것이 아니라 우주와 인간의 장소를 완성하고 전체를 이해하는데 필요하다.

우주 자체는 최고는 신으로부터 최하위는 살아있는 하위동물로 구성되어 있다. 모든 자연의 목적과 기능 및 살아있는 만물은 목적을 성취하기 위해서 크든 작든 우주의 목적을 충족하기 위해서 노력하고 있다. 인간의 우주에서 위치는 육체만 분리해서 보면 하등 동물과 같으며 정신만 분리해서 보면 신과 유사하다. 이렇게 양분화되어져 있는 인간이 우주에서 신분을 유지해 나가기 위해서는 인간의 도덕적인 생활을 유지해 나가는 것이 중요하다. 인간사회도 우주의 한 부분이며 서로 다른 계급에 의해서 형성되었다. 각 계급은 각기 맡은 목적과 기능을 수행해 나가며 아래 계급은 위 계급을 위하여 봉사하여야만 하며 위 계급은 아래 계급에게 지시와 지도를 하여야 한다. 따라서 보편적인 선이란 위와 아래 계급이 서로 권리와 의무를 정하여 결정하는 일이다.

아퀴나스의 사회에 대한 사상은 그의 조직과 국가관에서 찾아볼 수 있다. 부하에 대한 지배자의 권위는 독단적인 것이 아니라 사회전체의 복리를 위할 때만 존재한다고 본다. 사실상 장관의 직위는 신의 임명에 의해서 나왔으며 합법성에 의해서 부여된 권위란 권력을 독선적으로 행사하는 것과는 아주 다르다. 그의 통치자에 대한 도전적인 사상은 정당한 경우에는 국민들은 통치자에게 대항할 수 있다. 통치자를 제거하는 것이 국민들에게 덜 해가 된다고 볼 때는 언제든지 통치자를 제거하는 것이 정당하다고 볼 수 있다.

루터와 중세 교황권에 도전장을 던진 진보주의자들

마르틴 루터Martin Luther는 중세의 신 중심사회가 서서히 붕괴되어가면서 인간중심사회로 복귀되는 시대에 교권의 권위에 대해서 도전한 사상가였다. 문화적이나 사회적인 차원에서 인문주의의 복귀는 인간의 외적인 면에서 신 중심사회에서 인간중심사회로 복귀를 의미하고 있다. 반면에 정신적인 차원에서 루터의 역할은 교회의 개혁을 통한 인간의 정신적 개혁의 필요성을 강조한 사상가였다. 루터는 신부이자 신학자로서 당시 교황을 비롯한 교회에서 면죄부를 판매하는 등 부패를 저지르고 있었다. 특히 교황을 비롯한 교황청의 권위주의적인 계급제도에 대해서 정면으로 도전한 진보주의자였다.

신학자이었던 루터는 당시 부패된 로마 교황청에 대해서 95개조의 조건을 내세워서 교회의 면죄부 판매의 금지 등 교회의 개혁안을 내놓았다. 그 중에서도 교황의 인간사회에서 차지하는 위치에 대해서 반박하고 나섰다. 당시 사회에서 교황의 위치는 신의 의사를 전달하는 중개인이며 인간이 사회에서 범하는 모든 범죄는 교황만이 유일하게 죄를 면하게 할 수 있는 권한을 가지고 있었다. 인간이 저지른 모든 범죄는 교황의 면죄부를 통해서 완전히 없어지며 인간이 죄를 면죄 받기위해서는 교황청이 발부하는 면죄부를 비싼 값으로 사야한다. 또한 교황청은 면죄부를 팔아서 얻은 수입을 교황청의 수입으로 사용하였다. 인간이 아무리 악한 죄를 저질러도 일단 면죄부를 사면 죄가 없어져서 신의 나라인 천국으로 갈 수 있다는 것이다. 이러한 면죄부는 신과 인간 사이에서 중재 역할을 하는 교황을 반드시 통해야 한다는 것이다. 비록 악인이 마리아를 범하더라도 면죄부만 사면 모든 죄는 면제를 받아서 신국으로 갈 수 있다는 것이다.

루터는 신과 인간과의 사이에는 교황이라는 중개인이 필요 없으며 신과 인간이 직접적으로 연결하여 신으로부터 바로 면제와 구원을 받는 것이기 때문에 교황의 개입을 부정하고 나섰다. 따라서 교황과 교회는 새로운 개혁을 통해서 새로운 정신사회를 만들 수 있는 새로운 교회의 설립을 주장 하였다. 루터의 이러한 사고방식은 당시 절대적인 권력을 가지고 있던 교황청은 루터에 대해서 사제직을 파직시킴과 동시에 강력한 재제를 가하였다. 처음에는 루터도 교황청의 세력에 대해서 맞서서 저항을 하였으나 교황청의 워낙 강력한 처벌에 순종 할 의사할 뜻을 밝혔다.

그러나 문제는 루터 자신의 문제가 아니라 당시 교황의 권위에 대해서 도전하는 세력들에게 지지를 받게 된 점이다. 그중에서 가장 큰 세력은 바로 교황과 권력분배 문제로 팽팽하게 맞서있던 세속 왕권의 루터에 대한 지지였다. 루터의 교황에 대한 도전은 교황에 대해서 권위를 부정하며 대항한 재 침례교회와 농민운동의 신호탄이 되었다. 루터가 교황에 대한 도전장은 당시 사회가 신 중심사회에서 민족국가 중심사회로 변모해 가는 과도기적 단계에 있던 시대이었다. 당시 교황에 대해서 루터는 면죄부 판매 금지 등 새로운 교회의 혁신만을 요구하고 더 이상 세속적인 문제에 대해서는 관여하기를 원하지 않았다. 당시 사회에서 가장 심각한 문제는 교황 권과 왕권의 범위의 정립이 가장 큰 문제였다. 왕은 허물어져가는 교황의 권위에 도전하여 왕권도 신으로 부여 받았다는 왕권신수설이 대두되는 단계에 있었다. 당시는 민족국가 중심으로 사회가 변모되는 과정에 있었다. 따라서 모든 정치와 경제 사회 법률문제 등 모든 문제는 왕을 중심으로 해결해 나가야 하며 교황은 단지 종교문제에만 국한 하여야 한다는 관념이 대두되는 시대였다. 왕을 중심으로 새로운 국가를 성립하여야 하기 때문에 교황의 권위를 왕의 권위의 아래에 두어야하는 시대였다. 루터는 왕과 교황과의 관계에서 교황도 세속적인 문제는 왕의 권위아래에서 왕의 지배를 받아야만 한다는 주장이다.

왕은 종교적인 문제를 제외한 모든 문제는 왕이 국가의 절대적인 권위자로서 해결하여야 한다. 그러나 왕의 잘못된 문제는 오직 신에 대해서만 책임을 진다. 루터의 이러한 왕의 신에 대한 직접적인 책임은 왕의 권력을 절대왕권으로 비약시키는 결과를 초래하여 왕권신수설 등의 강력한 왕권정치를 하는데 크게 기여 하였다. 루터의 사상에 의한 교황의 권위에 대한 도전은 우리 인류사에 획기적인 변화를 가져오게 만들었다. 거시적인 차원에서는 르네상스시대의 출현과 함께 인간의 외면세계의 개조를 요구하게 되었다. 내적인 면에서는 종교를 순수한 종교자체로 개조해 나가도록 만들었다.

루터의 교황 권에 대한 도전은 서구 민족국가의 탄생에 결정적인 역할을 하게 했다. 민족국가의 탄생에는 모체가 되는 중심세력이 필요했으며 바로 왕권의 강화라는 이론이 필요했다. 왕이 민족국가를 설립하는데 필요악 이었다. 교황으로부터 독립해서 국가의 권력을 가진 왕권도 신으로부터 받았다는 신권 제왕 설은 결국 교황권을 약화시킴과 동시에 천 년 간 유지되어온 유럽 신중심 사회를 급속하게 몰락시키는 결과를 가져오게 되었다. 또한 농민을 중심으로 한 농민들의 반란이 민주주의로 가는데 큰 역할을 하였다. 농민을 중심으로 한 사회빈민층의 반항은 결국 서양의 중산층을 중심으로 한 사회를 만들어 나가는데 결정적인 역할을 하였다.

루터의 종교개혁운동은 비슷한 시기에 스위스 제네바를 중심으로 종교운동을 전개해나간 캘빈을 비롯하여 많은 종교 개혁운동가를 배출해 나가는데 크게 기여 하였다. 캘빈의 종교개혁은 실제 경제문제와 정치문제를 관련 시켜서 개혁을 전개해 나갔기 때문에 서구사회에 경제적이며 민주적인 사회를 정착시키는데 크게 기여하였다. 성 토마스 아퀴나스의 뒤를 이어서 기독교 중심의 사회에 도전적인 사상을 가진 인물은 마르틴 루터와 존 캘빈을 들 수가 있다. 루터는 1483년부터 1546년까지 생존했으며 캘빈은 1509년부터 1564년까지 생존한 사람이다. 루터와 캘빈은 토마스 아퀴나스와는 대조적으로 신전 정치형태를 주장한 사람이다. 캘빈은 실제로 제네바에서 신전 정부를 수립하였다. 북유럽의 프로테스탄트 국민들은 국가와 교회가 조화를 이루어서 유지할 수 있는 종교를 강조 하였다. 따라서 정치 지도자들이 교권에 의해서 비평을 받지 않도록 했다.

정치와 종교의 분리의 목적은 교회의 기존의 교권원칙을 저버리지 않도록 하기 위해서였다. 대중의 특권의 영향에 의해서 민주정부의 정책은 점차적으로 기존의 교권의 교리에 덜 간섭을 받았다. 현대적인 시각에서 보면 교회에 의한 국가는 전체주의 국가에 비유된다고 볼 수 있다. 종교란 국가의 국민들의 전통에 불과하다고 하나 그것이 정치에 미치는 영향은 너무 크기 때문에 결국 정치가 종교의 강령에 의해서 좌우되어 버리는 현상을 초래하게 된다.

르네상스 시대의 도래와 왕권강화에 대한 비판철학

중세 신 중심 사회에서 인간중심사회로 환원하는 르네상스 시대는 또 한 번의 인류역사의 큰 격동기였다. 우선 모든 분야가 교회를 중심으로 하여 신에 의존하던 시대에서 인간을 중심으로 하는 인문주의의 복귀의 시대로 변하는 시대로 돌아섰다. 이러한 와중에 모든 중세의 존재와 가치는 몰락하고 파멸의 경지에 들어서게 되었다. 정치나 사회 문화적인 차원에서 신 중심에서 인간중심으로 변화는 기존의 것을 지키려는 보수와 기존을 파괴하는 새로운 것을 찾으려는 진보의 대결구도의 양상으로 바뀌어 졌다.

문화적인 차원에서도 신을 소재로 다루던 문제를 인

간중심으로 변화시키면서 인문주의의 복귀를 가져오게 되었다. 또한 교회와 국가 간에 교회가 국가위에서 군림하던 위계질서의 파괴를 가져오게 되었다. 국가는 이제 민족과 영토의 회복을 위해서 노력하게 되었으며 이 과정에서 왕은 자연히 권위를 강조하는 시대에 돌입하게 되었다. 중세 신 중심사회에서 민족국가 중심사회로 넘어 가면서 교황 권에 대해서 개인의 권리를 보호하는데 위협적인 존재가 바로 왕권의 강화에 있었다. 왕은 교황을 대신해서 왕권신수설 등 인간위에서 군림하는 절대적 존재로 인권을 침해하는 가장 위협적인 존재로 등장하게 되었다.

왕권강화에 비례해서 개인을 보호해야 한다는 사상이 서서히 부각되면서 개인과 국가 간에는 마찰이 생기기 시작했다. 이러한 개인을 국가인 통치자로부터 보호해서 국가가 국민의 생명과 재산을 보호하지 못하는 경우에는 국가는 통치권을 국민들에게 내어 주어야만 한다. 국민들은 그 통치권을 국민들의 생명권과 사유재산권을 보호할 수 있는 다른 통치권자를 선택하여 그 통치권을 인계 하여야 한다. 이 과정에서 통치자가 통치권을 인수하지 않을 경우 국민은 무력적인 힘의 행사인 혁명을 하여야 한다. 실제로 왕을 중심으로 한 국가의 통치자들은 국민들의 인권을 유린하였다. 이러한 단계에서 근세 유럽 국가들의 국민들에게 혁명 사상을 가지도록 사상을 전달한 사상가들이 많이 있었다. 이들 진보적 사상가들의 도움으로 근세 유럽은 세계 3대 혁명인 영국의 명예혁명, 프랑스 혁명, 미국의 독립혁명이 성공을 거두었다.

이러한 사상가들이 있었기 때문에 인류의 민주주의는 또 한 단계 올라서게 되었다. 이 시대의 대표적인 사상가로서 토마스 홉스, 존 록크, 장 자크 루소를 들 수가 있다. 홉스의 사상은 영국의 명예혁명을 일으키는 원동력이 되었으며 로크의 사상은 미국 혁명의 원동력이 되었다. 특히 미국인들의 기본사상과 미국 헌법은 로크의 개인주의 정신인 로키안 패러다임Lockean paradigm을 기초로 삼고 있으며 프랑스 혁명은 루소의 사회계약론인 일반의사의 정신으로부터 일어났다.

제 8 장
개인중심의 철학

토마스 홉스와 만인의 만인에 대한 전쟁상태

근세 서양의 계약론 사상을 대표하는 토마스 홉스Thomas Hobbes는 1588년 영국의 말메스버리에서 태어나서 1659년 91세에 죽었다. 1640년 영국의회에서 왕의 절대 권력을 지원하라는 명령에 반기를 들었다가 파리로 추방되었다. 파리에서 11년간 머물면서 그의 대표작인 《리바이어던Leviathan》을 저술하여 런던에서 1651년 출간하였다. 리바이어던에서 그의 무신론적 입장은 영국교회로부터 크게 비난을 받았다. 1660년 왕정이 회복된 후 홉스는 왕으로부터 용서를 받기는 했으나 리바

이어던은 교회로부터 계속적인 적대감을 불러 일으켰다. 의회에서 그 문제에 관해서 재심한 결과 아무런 죄가 없다는 판결이 내려져 그 이후 홉스는 그의 생애를 평안하게 보낼 수 있었다.

홉스의 생애 동안 일어난 정치적 사건들은 그 시대가 불안정한 시대였다는 것을 보여주고 있다. 1645년까지 왕과 의회 사이의 내란, 1648년의 두 번째 내란, 1649년 찰스 1세 처형, 1654년부터 1658년까지 크롬웰의 섭정, 1660년의 회복 등 정치적인 격동기의 연속이었다. 이러한 시대와 관련하여 그의 사상은 이 시대를 역력히 나타내고 있다. 그의 혁명적이고 진보주의 사상에서 그가 안정된 정부형태의 강조 및 국민들의 정부에 대한 복종 등을 강조한 이유를 이해 할 수 있다. 홉스는 인간은 모든 것을 할 권리를 가지고 있다는 것이다. 따라서 인간은 인간 각자에게 부여된 자연권을 모든 것에 행사할 수 있다. 홉스는 인간은 인간에게 주어진 권리를 사회계약이라는 방법에 의해서 양도가 이루어진다. 인간은 인간이 필요하다고 생각할 때는 인간이 가지고 있는 모든 권리를 그 권리를 행사할 수 있는 사람이나 기관에다 그것을 양도하여 권위를 부여할 수 있다.

홉스는 인간이 각자의 권리를 포기하거나 각자의 권리를 다른 곳으로 양도 할 때는 인간은 자신의 이익을 위해서 양도한 기관에 방해를 해서는 안 되며 반드시 그 사람 또는 그 기관에 복종하여야만 한다는 것이다. 인간의 이러한 권리 포기나 권리 양도는 자신의 의사이며 자신의 행동인 것이다. 홉스는 인간에게 부여된 이러한 권리는 자연권이며 자연권을 양도하려고 하는 사람은 그가 양도한 자연권을 행사하는 사람에게 방해되는 행동은 하지 말아야 한다. 더욱이 양도받은 기관이나 사람이 그 권리를 잘 행사할 수 있도록 도와주어야 한다. 그러나 인간은 자기가 가지고 있는 권리를 강압에 의해서 양도한 사람에게는 복종할 의무를 가지고 있다고 보지 않는다. 그가 처음 생각했던 의도와 모순되는 경향이 있을 때는 자연권을 다시 돌려받거나 그것을 유보 시킬 수 있다. 홉스의 생각은 인간의 행동은 개인적인 욕망과 혐오에 의해서 결정된다. 인간은 그의 자연권을 다른 사람에게 양도함으로서 그의 욕망을 충족시킨다면 그가 가지고 있는 권리를 양도하여야 한다. 홉스는 인간이 그의 자연권을 유보 또는 양도하는 가장 근본적인 이유와 목적은 단지 자기 자신의 안전을 위해서이며 그것만이 그의 생명을 유지하는 일이다.

권력 또는 권리 상호간의 전도를 홉스는 계약이라고 부르고 있다. 어느 한쪽이 계약을 이행하기 전에 한쪽에서 먼저 계약을 이행하면 다른 쪽은 맹약이 되는 것이다. 여기에서 중요한 것은 의무에 관해서이다. 의무라는 것은 육체적이거나 정신적인 강요를 의미하는 것이 아니라 합리적인 방법에 의한 강요로서 한쪽에서 공약한 것을 이행하면 다른 편에서도 이미 계약된 부분을 이행하는 것을 말한다. 홉스에 의하면 인간은 천성적으로 탐욕이나 욕망이 너무 강하기 때문에 어떤 강압적인 힘이 없이는 그들의 계약을 지켜나간다는 것은 보장 할 수가 없다. 대부분의 사람들은 강압적인 칼이 없이 단지 말로만의 계약으로 모든 사람의 안전을 확보할 수가 없다. 만일 계약의 이행을 믿을 수 없다면 인간은 자연 상태나 마찬가지로 모든 불이익이나 위험을 감수하여야 한다. 홉스는 이러한 두려움으로부터 사람들을 지키기 위해서 공동의 힘을 만들어 공동의 이익을 추구해나가도록 그들을 지시하도록 하자고 한다. 이것을 홉스는 정부라고 부르고 있다.

그러한 공통적인 힘을 모으는 유일한 길은 사람들의 모든 힘과 권력을 한 사람 또한 한 집단으로 모으는 길이다. 국민들의 뜻을 감소시켜서 그들의 목소리를 한곳으로 모아서 국민들이 그곳에 복종하도록 하는 일이다. 홉스는 이러한 목적을 수행하기 위해서 각자는 다른 사람들과 협의하여 어떠한 제도를 만들어야 한다는 것이다. 국민 각자는 어떤 한 사람에게 자기의 권리를 다스릴 사람에게 자기의 권리를 수여하여야 한다. 이렇게 권리를 물려받은 사람 또는 집단은 그러한 계약 조건에 따라서 행동하여야 한다. 홉스는 이것이 단체의 기원이라고 본다. 이러한 권한을 양도받은 사람 또는 구성단체를 홉스는 주권이라고 한다.

홉스는 암시하기를 어떠한 환경에 따라서 사회계약을 취소한다는 것은 합법적으로 본다. 주권에 대한 국민들의 의무는 주권이 그들을 보호 할 수 있을 때 까지만 가능하다. 주권이 그들을 보호할 수 없을 때에는 누구도 철회할 수 있다. 국민들이 안전을 위해서 가지고 있는 자연권을 주권자에게 양도할 수 있다. 그러나 주권자가 그들의 목적을 달성하지 못할 때는 복종자인 국민들은 주권자에게 준 권리를 양도받아서 그들의 생명과 안전을 보호 해 줄 수 있는 다른 주권자에게 그들의 권리를 양도할 수 있다. 주권자와 국민들 간의 계약을 깨뜨릴 수 있느냐 아니냐의 문제와 관련하여 홉스의 견해는 일관성이 없으나 강하고 안정된 정부를 희망하는 그의 의도와는 다소간 다른 표현이다. 이와 관련하여 홉스의 또 다른 견해는 사회계약은 되돌려 받을 수 없는 것이다. 어떠한 조건 하에서도 양도한 권력을 주권으로부터 되돌려 받는다는 것은 불가능한 일이다. 국민들이 그들의 행동과 판단에 의하여 만든 계약은 그들 사이에 새로운 계약을 만든다는 것은 합법적인 일이 아니다. 주권자의 허가 없이는 새로운 계약을 만든다는 것은 불가능하다. 사회계약에 의해서 주권자에게 주어진 권력의 양도를 다시 취소시킨다는 것은 불합리한 일이다.

홉스의 사회계약은 분명히 일관성을 잃고 있다. 그러나 분명한 것은 홉스는 안정되고 강한 정부를 희망하고 있다. 홉스가 강조하는 있는 점은 주권의 필요조건은 절대적이며 자격을 따질 필요가 없으며 정부가 소유하고 있는 주권의 힘은 안정되고 질서 정연한 사회를 구성하고 있어야 한다. 그러나 정부가 처음의 의도대로 국민을 위해서 권력을 행사하지 않더라도 주권은 그대로 유지하고 소유할 수 있다는 것을 의미하는 것은 아니다.

존 로크와 미국식 개인주의를 탄생시키다

미국 혁명과 미국사회형성에 가장 크게 영향력을 행사한 진보적 철학가는 존 로크이다. 존 로크John Locke(1632-1704)는 영국 웨스트 민스트 학교와 옥스퍼드의 크리스천 교회에서 교육을 받은 후 의학을 공부하였다. 로크는 1666년 안토니 코터의 개인비서가 되었으며 후에 샤프베리의 개인 의사가 되었다. 1672년 그가 개인 의사로 있는 샤프베리가 맘모스 공작의 왕위 계승 음모에 관련되자 로크는 그 음모에 전혀 관련되지 않았음에도 불구하고 영국을 떠나도록 권고 받았다. 1684년 찰스 2세는 로크가 1659년 이래로 계속 누리어온 학문적인 이득을 박탈 시켰으며 제임스 2 세는 그를 해외 망명으로부터 소환 시키려고까지 했다. 그러나 로크는 윌리엄 오렌지 왕의 승낙을 받고서 영국으로 돌아왔다. 로크는 신앙에 관한 연구를 비롯하여 시민정부이론 등 다수의 정치적인 논문을 제외하고는 인간의 이해에 관한 수필집이라는 제목의 지식론에 관해서도 큰 공헌을 하였다.

로크의 사상은 그 시대의 상황을 잘 반영하고 있다. 홉스와 마찬가지로 불확실하고 위험한 영국 내란 기에 살았기 때문에 모든 것을 압도할 만큼 강한 정부를 정당화 시키려고 고심했다. 비록 1688년 전에 일어난 혁명은 도덕적인 가치를 더할 때만 정당하다는 로크의 견해에도 불구하고 로크는 스튜어트왕조 아래서 박해를 받았다. 로크의 사상은 정부는 사회를 붕괴하지 않으면서 혁명에 의해서 정부는 제거될 수 있다는 것이다. 어떤 정부도 어떤 특정 조건하에서는 이러한 방법에 의해서 교체되는 것이 정당하다. 로크의 이러한 사상은 백년 후 영국의 식민지였던 미국이 영국의회를 인정하는 것을 거절하는 것을 정당화시키는데 상당한 영향을 끼쳤다. 또한 로크의 사상은 영국과 미국의 정치적 독립을 초래하는 이론적인 바탕이 되었다.

로크와는 대조적으로 홉스는 기존 정부의 혁명에 의한 전복은 무정부상태를 초래한다고 했으나 1688년의 영국의 혁명은 그러한 무정부 상태와 같은 참극은 초래하지 않았다. 그와는 반대로 1688년의 혁명은 영국 사람들에게 주권의 변화와 왕정을 약화시킨 반면 의회를 그만큼 강화시켰다. 이러한 변화들은 영국에서 정부의 중요성을 보여주었다. 그 결과 폭력 없이 정부를 전복하여 소위 명예혁명에 성공하였다. 대다수의 영국국민들은 명예혁명을 환영하여 영국은 국민들로부터 환영받는 정부를 구성하게 되었다. 존 로크 자신도 이러한 혁명을 정당화시켜 정부의 권위와 정당성을 도덕적인 법칙에다 의존하도록 하고 있다. 이러한 그의 사상은 로크의 시민 정부이론의 책에서 찾을 수 있다. 여기에다 다시 이름을 붙여 시민정부의 신기원에 관한 고찰과 목적이란 책을 저술하였으며 이 책은 1688년의 명예혁명 2년 후인 1690년에 출간되었다.

로크의 견해에 의하면 모든 정부는 자연법이란 정의가 내려진 도덕적인 기준에 복종하여야만 한다. 만일 정부의 행동이 이러한 도덕적인 기준과 마찰이 생길 경우 자멸이 있다. 어떠한 정부도 그가 하고 싶은 대로 하고 통치할 수 있는 절대적 권한은 갖고 있지 않다. 또한 어떠한 개인도 자기가 하고 싶은 대로 행하는 절대적 권리를 갖고 있다고 할 수 없다. 로크의 사상은 기존의 왕의 신성한 권한의 법칙에 정면으로 도전하고 있다.

기존의 일반적인 사상인 왕은 절대적으로 죄를 저지를 수가 없다. 왜냐하면 왕의 권한은 신으로부터 나왔으며 왕의 행동이 신의 의지로부터 나왔기 때문이다. 이에 대해 로크는 왕은 틀리기 쉬운 인간이며 왕은 도덕법에 따라서 행동하는 인간이며 도덕법을 파괴하기 쉽다. 반면 홉스의 견해는 정부의 권위는 도덕적인 면에서는 한계가 없다. 홉스는 개인의 이익을 위하고 공공의 질서나 안전을 위해서 정부에 국민들의 절대적인 권력을 양도하여야 한다. 만일에 정부가 공공의 질서나 안전을 유지하지 못하는 경우 국민들은 그들의 이익을 위하여 정부에 복종하는 것을 거부 하여야 한다. 또한 홉스에 의하면 반란을 정당화시키기 보다는 복종하는 것이 더욱 이익이 된다는 것이다. 그러나 홉스의 이러한 견해는 그의 개인적인 위험과 경험이나 자연적인 소시민적 개성이 더욱 그의 마음속에 작용하고 있기 때문이다.

정부의 권위의 역량에 대한 홉스와 로크의 차이점은 홉스가 로크 보다는 더욱 원칙을 주장하고 있다. 어쨌든 두 사람은 매우 다른 차원에서 혁명을 인정하고 있다. 홉스는 반란이란 개인의 이익추구라는 근거에서 정당화 될 수 있다. 만일에 정부가 정당한 자연법을 수행하지 못할 때는 혁명의 정당성을 인정하고 있다. 반면 로크는 정부가 도덕적인 면에서 자연법에 위배되는 행위를 하였을 때는 혁명이 가능하다는 것이다. 그러나 두 사람 모두 정부가 어떠한 환경 하에서도 죄를 범하지 않는다고 생각하지는 않았다. 홉스는 정부는 통치할 강권을 가지고 있으며 이러한 목적을 수행하기 위해서 정부는 결정을 집행할 강권을 가지고 있다. 한편 로크는 정부는 이러한 강권을 가지고 있기는 하지만 그 강권에 복종하도록 건의하는 대다수의 강권이 사용될 때만 정부는 강권을 행사할 수 있다. 만일에 정부에서 그들이 받아들인 도덕적인 원칙들을 수행하지 않는다면 그 동의를 국민들이 유보할 수 있다. 홉스는 로크보다도 국민이 동의를 취소 할 수 있다는 점을 덜 강조 하고 있다. 홉스는 국민의 동의의 취소는 아주 예외적일 때만 가능하다는 것이다.

홉스와 로크의 동의와 권위는 상대적 중요성의 강조에 따라서 차이가 있다. 그 차이점은 의심할 필요 없이 홉스는 강하고 안정된 정부만이 모든 사람들의 기본적인 이익을 위하는 일이며 추진하는 정책이 일반 도덕적인 차원에서 법과 불일치한다는데 따라서 반란을 정당화시키려고 하고 있다. 반면 정부의 대중으로부터 동의의 원칙은 정부에 의해서 자연법의 준수를 확인하는 것이 필요하다는 로크의 강한 견해보다는 홉스의 견해가 덜 분명하다. 로크는 정부는 개인 한 사람 한 사람의 동의에 기초를 둘 수가 없다. 개인 한 사람 한 사람은 정부의 의무의 개념에 의견을 달리 하기 때문이다. 로크는 정부의 권위는 국민다수의 동의에 달려있으며 국민다수가 결정적인 정책 권력을 가지고 있다는 것이다. 집단에서 한 사람의 동의에 의한 행동은 단지 한 사람의 의견이며 집단에서 다수의 동의에 의해서 움직여졌을 때는 각자는 모든 사람의 동의에 의해서 뭉쳐졌다고 할 수 있다.

이러한 관점에서 볼 때 로크의 사상은 분명히 민주주의 사회에 대해서 밝히고 있다. 귀족 국가에서는 몇 사람이 힘과 폭력에 의해서 다수를 지배하고 있다. 그러나 민주주의에서는 어떤 개인의 어떤 행동에 의해서 의사가 결정될 수 없으며 다수의 지지를 받고 있는 의견이 분명히 수행되어야 한다. 따라서 로크는 한 사회에 소속되어있는 시민 각자는 다수의 지배 원칙을 받아들이는데 동의 하여야 한다. 로크는 다수 지배원칙과 그가 이해하고 있는 자연법 사이의 잠재적인 불일치를 인정하는 것 같지 않다. 로크의 자연법이란 도덕적인 법 즉 어느 누구도 다른 사람의 생명, 건강, 자유, 재산을 해쳐서는 안 되는 법을 의미한다. 이러한 논리에 의하면 다수는 다른 사람을 해칠 권리를 가지고 있다는 것이 불가능하지 않다.

로크는 자연권이란 다수의 의견의 권리라고 정의를 내리고 있다. 로크는 자연권의 일반적인 개념을 근본적인 민주주의 법칙과 결부시켜 나갔다. 따라서 로크의 국가에 관한 이론은 실질적으로 현대 민주주의 헌법의 정확한 분석이 되었으며 자연권의 상대성의 인정은 어느 사회 어느 시대에서나 인정되어 졌다. 민주주의의 기본 요소는 개인의 권리는 신성한 것으로 인정되었으며 정부나 어떤 집단에 의해서 침해받았을 때 개인의 이러한 권리들을 보호해 준다. 민주주의는 로크가 보았던 것과 같은 자연권은 아니다. 그러나 국민이 동의하는 가장 중요한 의무는 개인의 권리가 결국은 독재적인 폭력의 행사에 의해서 희생되어서는 안 된다.

로크의 다수 지배에 관한 원칙은 그의 사상의 기본원칙을 바꾸지는 않았다. 그의 이론의 기본원칙은 개인이나 정부 모두가 도덕법에 복종하여야 한다. 개인은 일관성이 없고 불확실하며 잘 모르는 다른 독재자에게 복종하여서는 안 된다는 것이다. 로크와 홉스는 사상 면에서 많은 유사성이 있다. 그러나 로크의 의무에 관한 이론은 홉스의 이론과는 정반대의 입장에 있다. 홉스에 의하면 주권에 의해서 한번 제정된 법률은 상당한 효력을 가지고 도덕은 법의 기초이다. 그러나 로크에 의하면 자연법의 개념으로서 도덕은 시민이 복종해야만 하는 기본법이다. 만일에 시민법이 시민들이 가지고 있는 도덕법과 모순이 있다면 시민들은 시민법에 복종해야 할 의무가 없다. 도덕적인 관점은 정치에 있어서 중요한 역할을 한다. 로크의 이론은 도덕법에 기초를 두고 있기 때문에 더욱 포괄적이며 함축적이다. 정부의 정당성으로 볼 때 로크의 이론은 홉스의 이론보다 더욱 세련된 것처럼 보인다. 그러나 로크의 이론의 약점은 그가 독립된 도덕의 기준을 부활시키는 중요성에 있는 것이 아니라 도덕의 기준을 어떻게 확인하고 정의를 내리느냐 하는 것이다. 로크는 자연법과 신의 의사에 관해서 언급했다. 로크는 자연법과 신의 의사가 모든 인간사회의 기본 원칙이 된다는 것이다. 로크가 자연법과 신의 의지가 가장 중요한 법칙이라면 자연법과 신의 의사에 관해서 어느 정도의 독선적이며 명백한 한계 및 기준을 내세울 수 있는 설명이 필요하다.

제 9 장
개인호보 중심의 철학

루소와 인간을 자연의 고상한 야만인으로 남겨 놓아라

프랑스 혁명의 원동력을 가져온 루소의 사상을 이해하기 위해서는 다른 사상가들과는 달리 그의 특수한 성격과 남다른 인생 경력을 이해하지 않고서는 불가능하다. 루소가 살아온 주위환경은 그의 정치사상에 지대한 영향을 미쳤다. 그가 살아온 생애를 깊이 앎으로써 그의 난해하고 일관성이 결여된 사상을 이해할 수가 있다. 장 자크 루소Jean Jack Rousseau는 1712년 캘빈교의 중심지인 제네바에서 시계 수리공의 아들로 태어났다. 태어나자마자 루소의 어머니는 죽었다. 루소가 10살이 되었을 때 그의 아버지는 대소동을 일으킨 뒤 루소를 버리고 달아나 버렸다. 부모 없이 어린 시절을 제네바에서 보내면서 루소는 이 직업 저 직업을 전전하면서 거짓말뿐만 아니라 남의 물건을 훔치는 일도 서슴없이 해냈다. 루소가 16살이 되었을 때 제네바를 빠져나가는 것이 필요하다고 느낀 루소는 파리로 갔다. 루소의 천부적인 미남형과 재치는 많은 사람들을 사귀었으며 특히 여자 친구들을 많이 사귀었다. 그러나 그의 사교성은 언제나 오래가지 못했다. 루소의 가장 큰 후원자는 마담 위렌 이었다. 마담 위렌의 도움으로 루소는 많은 양의 공부를 독학으로 해냈다. 이러한 공부과정에서 그는 오페라도 쓰고 비록 프랑스 아카데미에서 거절되기는 했지만 음악 작곡도 했다.

루소의 생활은 다른 사람들과는 완전히 다른 생활을 했다. 그의 독특한 성격 때문에 그는 자주 마찰을 일으켰다. 그는 일생동안 다섯 자녀를 두었으며 부인의 만류에도 불구하고 낳는 즉시 고아원으로 보내 버렸다. 이러한 루소의 비인간적인 행위는 그의 유명한 참회록에서 많이 후회를 하고 있다. 특히 그는 플라톤의 공화국에서 모든 자녀들의 공동 소유화에 대해서 긍정적인 반응을 보이고 있다.

1749년 디존 아카데미가 주최한 수필대회에서 과학과 예술은 인간의 도덕에 공헌을 했는가 또는 퇴화시켰는가? 라는 제목의 콘테스트에서 루소는 그의 특유의 고집을 살려서 과학과 예술은 인간의 도덕의 청결에 도움을 주지 못했다는 입장을 취했다. 당시는 계몽주의로서 모든 것이 문명과 과학만이 인간의 도덕과 발전을 가져온다는 시대였다. 루소의 이러한 진보적 입장은 당시 사회에 있어서는 하나의 큰 충격이었다.

아카데미수필 대회에서 입상은 루소의 인생을 바꾸어 놓았다. 루소는 이 순간부터 나를 새로운 세계에서 새로운 사람으로 탄생시켰다라고 말하고 있다. 이 논문에서 루소는 인간의 순수성과 착함은 문명에 의해서 부패되어 버렸으며 파리사회를 무서운 속도로 망쳐가고 있다는 것이다. 결국 루소는 사회 자체를 부인하고 있다. 1754년 두 번째 경기에서 디존 아카데미 후원회에서 했던 것과 같이 인간 불평등 기원론의 논문을 제출했다. 이 연구 논문에서 루소는 비록 입상은 하지 못했지만 인간 불평등 기원론의 논문은 그를 더욱 유명하게 만들었다. 이 논문에서 루소는 그의 기본사상을 대

담하게 잘 드러내고 있다. 1755년 백과전서파가 주최한 정치경제에 관한 연구에서 루소는 그 유명한 사회계약론을 나타내고 있다. 여기에 인기도를 타고서 루소는 1762년 그의 가장 유명한 책인 사회계약론과 에밀을 출간 하였다. 말년의 루소는 학문적인 업적을 거의 찾아볼 수가 없다. 1766년 루소는 흄의 초청으로 영국으로 갔다. 그러나 두 사람 사이의 불화로 인해서 방황하였다. 1768년 루소는 술주정뱅이이자 게으른 테레사와 결혼했다. 이후 8년 간 파리에 머물렀으나 건강 악화로 인해 파리에서 약 10마일 떨어진 에몬빌 이라는 마을의 오두막에서 머물면서 건강을 관리했다. 1778년 5월 루소의 가장 오랜 친구이자 적이던 볼테르가 죽자 루소는 나는 자네와 운명을 같이 한다고 보네, 자네가 세상을 떠났으니 나도 곧 따라가야지 라고 말했다. 볼테르가 죽은 후 두 달 뒤인 7월 2일 루소도 죽었다. 그의 처 테레사는 1801년까지 살았다.

루소의 인간성과 사회에 관한 논문은 많은 난해성을 가지고 있다. 인간의 도덕과 관련된 문제나 국가관에 관한 그의 사상은 비교적 일관성이 있다. 루소의 논문에서 자연 상태에 관해서 더욱 급진적인 사상을 전개해 나가고 있다. 루소가 자연 상태로 돌아가라고 부르짖은 이유는 사회의 제도나 관념 때문에 인간의 순수한 도덕성은 타락되긴 했지만 마음 속 깊은 곳에서 아직까지 순수한 도덕성이 깃들어 있다고 보기 때문이다. 자연 상태란 이러한 목적을 달성하기 위해서 고안되었다. 그러나 루소는 현대의 자연법의 세속성이나 종교적 형태에는 순응하지 않았다. 루소는 신학에 바탕을 둔 자연법을 부정 하였다. 로크나 토마스 페인의 자연권 같은 인간의 행복 추구 역시 무시 하였다. 이러 한 관점에서 보면 루소는 로크나 홉스보다 더욱 고전적이라 할 수 있다. 루소는 순수한 선과 덕에 있어서 홉스의 인간 보호 면에 치중한 것 보다 더욱 관심을 가지고 있기 때문이다. 그러나 근본적으로 볼 때 도덕의 지표이며 기준인 이성을 거부했기 때문에 고전학파와 현대학파와는 의견을 달리했다.

루소는 자연 상태에 대해서 서술하고 있다. 인간 중에서 단지 생각만하는 인간이야말로 타락된 인간이다. 인간의 의식이란 사회법에 대항해서 자연의 특성에 따르고자 한다. 인간의 이러한 합리성은 논리적이거나 이해 타산적은 아닌 것이 분명하다. 자연 상태에서 인간은 거의 논리나 이해타산은 염두에 두지 않은 순수한 야만인과 같은 것이다. 따라서 자연 상태에서 인간의 욕망은 현대의 인간들보다 덜 욕정적이며 덜 폭력적이다. 특히 루소는 그의 논문에서 밝히고 있듯이 자연 상태에서 인간은 더욱 동물에 가깝고 평범하기 때문에 섹스에는 더욱 관심이 없다. 루소는 인간사회는 도덕적인 윤리관이 중시되며 육체적인 면은 소홀히 한다고 생각하지만 사실은 그렇지 않다. 남녀 간의 사랑은 야만인들이 하는 것보다 더욱 난폭하며 무절제하다고 본다.

루소의 사회계약론은 정치학적 관점에서 상당히 이해하기 어려운 부분이 많다. 예를 들면 인간은 자기가 쇠사슬에 묶여 있다는 것이 정당하다고 느끼는 사회에서는 인간은 자유로워 질 수 있다는 구절은 이해할 수 없으며 또한 개인과 전체 사이의 확고한 모순은 이해하기가 힘이 든다. 루소의 사회계약의 정의는 사회계약이란 개인 각자가 관여하는 전체가 된 하나의 도덕이나 하나의 집단을 만드는 것을 의미하며 개인은 그의 모든 권리를 전체 사회에다 양도해 버리는 것이 사회계약이다. 루소는 주권이란 개인 각자를 보호할 특수한 문제점을 가지고 있다. 개인각자는 국가의 구성원으로서 행동할 뿐만 아니라 주권자로서 행동하여야 하는 이중성을 가지고 있다. 주권이란 법에 기초를 두고 있기 때문에 법에 구속될 수가 없다. 또한 주권이란 개인들의 집합체로 구성되어 있기 때문에 그것을 어느 누구에게 양도하거나 어느 누가 쪼개서 가질 수 있는 것이 아니다. 주권이란 항상 모든 것이 복합되어져 있기 때문에 어느 누구도 반드시 복종하여야 한다.

루소의 사회계약은 인간 각자는 각자와의 계약을 통해서 계약을 하고 있다. 개인은 국가의 일원으로서 뿐만 아니라 주권자 로 행세하는 두 가지 역할을 수행하고 있다. 주권도 역시 법률의 일원이기 때문에 어떠한 법률에도 제약을 받지 않는다. 주권이란 개인들이 구성요소로 되어있기 때문에 그것에 반해서 어떤 이익 을 가지는 것은 있을 수 없다. 주권을 구성하고 있는 개인들은 항상 모든 것을 할 수 있다는 관념은 이해하기가 힘이 든다. 루소는 주권은 능력 면에서 일반의사에 따라서 움직이기 때문에 주권에 따르는 사람이 바로 건전한 시민이다. 루소의 사회계약론은 개인 각자는 사회계약론을 체결하면 체결하는 순간부터 자연적 자유를 포기하여한다. 루소의 자연적 자유란 인간을 유혹하는 모든 무한대의 자유를 말한다. 사회계약의 체결로 인해서 인간은 무한대의 자연적 자유로부터 일반의사에 의해서 인도되는 한정된 시민자유로 바뀌게 된다.

루소의 의견에 의하면 일반의사는 공동이익의 완전한 표현이다. 개인 누구나 일반의사에 참여하여야 하며 개인은 개인 의사를 가지고 있다. 개인의사란 공동적이 아니고 특수하며 이기적이기 때문에 매우 위험하다. 개인의사는 공동전체를 파괴할 위험성을 내포하고 있다. 누구든지 일반의사에 복종하기를 거부하는 사람은 전체의사에 의해서 복종하도록 만들어야하며 이것은 개인을 자유롭게 하는 일이다. 이렇게 하는 것이 모든 시민을 정당하도록 하며 일반의사 없이는 우둔하고 비합리적이다. 루소의 문제점은 어떠한 확실한 도덕성을 가지고 있지 않으면서 인간이 일반의사에 복종하는 자유를 박탈당하여야 하는 점이다. 또한 독재자를 막기 위해서 개인 각자는 독재화 되어야 한다. 그러나 루소가 의도하는 것은 자유사회에서 인간의 자유를 지키는 것이 그의 사회계약론의 근본 목적인 것이다.

루소 사상의 가장 큰 문제점은 일반의사에 관한 논의이다. 루소의 일반의사는 항상 바르고 일반대중에게

유리하도록 지시하고 있느냐 하는 문제이다. 더구나 일반의사가 현 사회에서 부조리한 것과 올바른 것을 정확하게 판단할 수 있느냐 하는 것이다. 추상적이고 낭만적인 루소는 철학적이고 깊이 있는 사고가 부족했다. 따라서 루소는 일반의사는 모든 것을 해결 할 수 있다고 생각했다. 루소가 만들어놓은 일반의사는 루소 자신도 정확히 모르고 있는 것 같다. 또한 루소는 누가 또는 무엇이 우리를 자유롭게 만들고 있는지 정확하게 파악하지 못하고 있다. 일반적으로 볼 때 루소의 일반의사는 해석하는 관점에 따라서 다양하다. 일반 의사를 이해하는 가장 좋은 방법은 우리가 하루의 생활을 위해서 아침 7시에 일어나도록 강요하는 것이 일반의사이다. 반면 특수의사는 늦잠을 자도록 강요한다. 또한 자동차의 운전수가 술집에 갔을 때 술을 못 마시도록 하는 것이 일반의사이며 술이 취해서 운전수의 기분이 좋도록 만드는 것이 특수의사이다. 따라서 일반의사와 특수의사의 차이점은 일반의사란 무조건 사회와 관련시켜서 옳은 일이며 특수의사는 그렇지 않다.

주권을 일반의사와 관련시켜 설명할 수 있으며 주권도 일반의사에 따라서 움직인다. 예를 들면 축구 경기

팀에 팀장이 어떤 신호를 주면 그 팀의 구성원들은 자기 맡은 직책에 따라서 행동한다. 루소의 주권이란 축구팀에서 각 선수가 자기가 맡은 일을 하는 개인 각자의 일을 나타내는 것이 아니라 그 전체를 나타낸다. 사회에서 주권이란 어느 개인의 역할이나 개인 집단을 의미하는 것이 아니라 전체를 나타낸다. 루소에 의하면 주권이란 양도할 수가 없는 것이며 주권은 나눌 수가 없다. 일반의사는 절대적으로 일반적 이어야 한다. 그러나 문제는 일반의사는 항상 만장일치를 나타내고 있느냐 하는 것이다. 일반의사는 항상 만장일치를 나타내고 있는 것이 아니라 한 가지 반드시 필요한 것은 일반성을 무시하고 있는 것은 배제하여야한다. 일반의사는 항상 올바른 것이다. 그러나 사람들은 생각하는 면에서 항상 똑바르게만 하도록 하지 않는다. 일반 사람들의 의사는 항상 자신의 선을 위하여 추구하고 있으며 항상 그것이 무엇인가를 생각해 보지는 않는다.

일반의사와 전체의사는 구별하여야 한다. 전체의사란 개인의사를 전체로 모아놓은 것을 뜻한다. 일반의사란 만장일치를 통해서 발견하는 것이 아니라 만장일치는 통하지 않더라도 확신되는 수가 많다. 의사의 일관성이란 투표자의 숫자에 담겨있는 것이 아니라 공통적인 이해가 더 중요하다. 그것은 목적에 있어서 뿐만 아니라 본질에 있어서도 일반적이어야 한다. 각 투표는 계산되어져야 하지만 그 표의 분석이 우리들에게 어떤 절대적인 것을 제시하지는 않는다. 루소는 단순한 양을 가지고 질을 따지기를 싫어했으며 일반 의사를 인정하는데 일반성을 어기는 것은 고려할 대상으로 삼지 않았다. 초기의 사회계약에서 루소는 일반 시민 각자는 자기의 의사를 충분히 전달하기 위해서 파벌이나 도당을 피해야 한다고 했다. 그러나 대부분의 사람들은 무엇이 일반의사인지 잘 이해하지 못하고서 투표를 하는 것은 실질적인 면에서 일반의사와 관계가 있다. 일반사람들은 일반의사에 복종함으로서 도덕과 자유를 누릴 수 있다. 그러나 일반인들은 그것을 느낄 때까지는 그렇게 할 수가 없다. 모든 사람들은 도시가 그러한 조건을 갖출 때까지는 동등하다고 할 수 없다. 도시에서의 일반의사란 전체 사람들 중에서 보다 우수한 사람 즉 입법자를 통해서 이루어질 수 있다.

입법자는 개인의 의사가 방황하는 것으로부터 막을 수 있다. 입법자의 이미지는 플라톤의 철인왕과 같다고 생각한다. 루소는 입법자는 위대한 인간의 재능이 얻을 수 있는 가장 완벽한 지위에 있다고 생각했으며 정치인을 높이 찬양하고 있다. 플라톤의 철인 왕과는 달리 정치인의 탁월성은 직접 다스리는 것이 아니라 법을 통해서 정치능력을 발휘해야 한다. 정치인은 그의 개인적인 목적 때문에 정치를 하면 재능이 더럽혀 질는지 모른다. 정치인이 제출한 법률은 국민들로부터 심판을 받아야 한다. 만일 국민들은 정치인이 제출한 법률에 심판을 하지 않으면 정치인들에게 구속되어져 버린다.

루소의 종교관은 시민종교가 애국심을 조성하는 가장 효과적인 형태이다. 입법자들의 지혜는 순수하게 금지되어진 권위가 가미 되어야 한다. 이러한 경우는 신이 입법자들의 지혜를 대변해주기 때문에 더욱 권위가 부여되어 진다. 루소의 시민 종교는 사람들을 예속시키겠다는 것이 아니라 시민들이 자유를 지킬 수 있도록 만든다. 시민종교는 입법자가 일반 의사를 대중적인 분위기가 조성되도록 만드는 창구역할을 하고 있으며 동시에 특수의사를 배제할 수 있도록 하고 있다.

루소는 모든 것이 신비로 시작해서 정치로 끝난다. 라고 말하고 있다. 그는 그의 정신적 고통에 사로 잡혀 그의 유명한 참회록에서 모든 것이 정치와 관련되어져 있다는 점을 강조하고 있다. 이점은 루소가 인간사회에서 일반의사와 관련한 현실정치의 중요성을 강조하고 있다. 루소가 만든 일반의사는 모든 것을 분리하거나 모든 문제에 대답을 할 수가 없었다. 루소의 사상은 많은 부분이 불완전하다. 루소는 사회계약론에서 건설적인 철학의 역할과 국가이론을 제시했다. 루소는 그 문제를 해결하기 위해서 몇몇 형태를 만들었다. 사회계약론에서 루소는 인간은 태어날 때는 자유롭게 태어났으나 어느 곳에든지 쇠사슬에 묶여져 있으며 자기 자신이 주인이라고 느끼는 사람은 단지 노예와 같을 뿐이다. 또한 어떻게 하면 이러한 인간사회를 변화 시킬 수 있으며 무엇으로 그것을 합법적으로 보상받을 수 있는가 하는 문제를 제시하고 있다. 자유와 평등이 자연 상태의 특징이며 무엇이라고 하든지 문명국에서는 자유와 인간의 평등은 존재하지 않는다. 루소는 자유와 평등이 이미 사라졌음을 정당화 했다. 인간의 자유와 평등은 정부가 완전히 제도화된 후에 어느 정도 명맥을 유지해 나가고 있다. 루소는 그의 교육사상 저서인 《에밀Émile》에서 자연과 정치사회, 자유와 권위는 절대적으로 논리적인 모순성을 가지고 있다고 밝히고 있다. 사회계약론에서 루소는 이러한 것들을 서로 분리하거나 분석할 수 없는 개념이라고 설명하고 있다. 개인들이 서로 서로 계약을 이루고 있는 상태가 사회이다. 루소의 이러한 사상은 홉스와 로크로부터 강한 영향을 받았다. 홉스는 사회계약론의 논리를 바탕으로 강력한 군주제를 만들었으며 루소는 이것에 대해서 강력하게 경고를 했다.

루소의 사회계약에 의하면 인간 모두를 하나의 전체로서 보고 일반의사라는 최고의 지휘자를 통해서 사람을 다스리고 통치하자는 것이다. 루소는 인간들의 전체를 한 인간의 신체에 비유하고 있다. 하나의 신체로서 개인 각자는 전체의 분할할 수 없는 한 부분으로 간주하고 있다. 개인들은 각자의 행동을 통해서 이러한 도덕적인 신체가 구성되어져 있으며 루소는 이것을 신체정치라 한다.   일반의사는 국가, 주권, 권력으로 매여져 있는 동시에 다양한 구성원으로 이루어져 있다. 루소는 그의 사회계약론에서 완전한 자유를 발견하고 있다. 루소는 인간은 자신은 자신을 포기함과 동시에 자기 자신을 누구에게도 주지 않는 사회계약 체결 방법을 사용하고 있다. 각 자가 포기한 모든 권리를 집단이 얻음으로서 더 큰 기관에 그들의 권리를 유보함으로서 그들이 잃어버린 권리 이상의 것을 얻는다는 점에서 루소의 사상은 의미를 지니고 있다.

제 10장
개인과 사회를 동시에 보호하는 철학

공리주의

왕을 중심으로 한 통치자들로부터 개인을 보호하려는 사상적 풍토는 점차적으로 산업혁명으로 인한 복잡한 도시산업사회로 형성되었다. 이러한 산업사회에서의 형성은 개인의 보호에만 치중하던 사회를 개인과 사회를 동시에 보호해야하는 사회로 발전하게 되었다. 이러한 개인과 사회의 동시 보호를 위해서 나타난 진보적 사상가들 중에서 대표적인 진보적 사상가가 초기의 벤덤을 중심으로 한 영국의 공리주의 사상가이다.

벤뎀의 사상에 맞서서 공리주의를 보다 거시적인 차

원에서 공리주의를 발전시킨 사상가는 제임스 밀과 그의 아들 존 스튜어트 밀을 들 수가 있다. 그러나 공리주의는 개인과 사회 중에서 개인의 보호에 치중하는 경향이 계속되면서 비판적인 견해를 가진 이상주의적 접근법을 사용한 진보적인 사상가가 니타났다. 이상주의 사상의 대표적인 사상가는 옥스퍼드 학파의 토머스 힐 그린Thomas Hill Green을 들 수가 있다.

공리주의의 진보적 사상가는 인류의 역사에 개인의 보호에만 치중하던 시대를 벗어나서 인간과 사회가 동시에 발전해야 한다는 현대 복지사회의 토대를 형성하였다.

벤덤과 양적인 쾌락을 추구하라

벤덤Jeremy Bentham은 공리주의 이론의 대가로 알려진 대표적인 진보적 사상가이다. 벤덤은 19세기 초반부터 중반까지 영국의 정치 경제에 크게 영향을 기친 대표적 인물로 간주되고 있다. 공리주의 이론은 헤겔의 이상주의 이론과는 대조적으로 개인과 국가 간의 인공적인 특성에다 역점을 둔 이론을 제시하고 있다. 벤덤은 1748

년 런던에서 태어나 웨스트민스트에서 교육을 받고 13살에 옥스퍼드의 퀸스 칼리지에 입학하여 교육을 받았다. 옥스퍼드에서 벤덤은 자연과학에 관심을 가졌으나 곧 진정한 성향은 실질적인 법률의 연구와 도덕적인 기준의 실험과 비평에 있다고 보았다. 따라서 벤덤은 일생을 사법부와 입법부의 과학적인 제도의 연구에다 일생을 바치기로 결심했다. 벤덤은 몇 권의 저서를 출간했는데 그 대표적인 저서가 도덕과 법률에 관한 연구이다.

벤덤의 저서는 국제적인 명성을 가져왔으며 법의 문화에 관한 그의 충고는 몇몇 외국에까지 소개되어 채택되었다. 벤덤은 25년동안 원형 감옥을 세우는데 정부와 협동했으며 이러한 그의 계획이 정부에 의해서 취소되었을 때 정부로부터 상당한 금액을 배상을 하라는 판결을 받았다. 벤덤은 1832년 85세로 죽을 때 까지 여러가지 활동을 추구했으며 1823년 웨스트민스트 리뷰를 창간하여 수에즈와 파나마에 운하 계획을 세웠다.

벤덤의 이론은 영국 전통 사상을 지배하고 있던 홉스와 로크의 개인주의 사상의 원칙으로부터 혁명적인 변화를 가져왔다. 벤덤의 국가에 대한 기본사상은 국가란 국가 자신의 존재를 위해서 개인이 있는 것이 아니다. 국가란 개인을 위해서 존재하며 정부의 존재의 정당성은 개인의 권리와 개인의 이상 실현을 만족시켜주기 위해서 개인들에게 봉사하는데 있다. 만일 개인 각자가 다른 욕망을 가지고 있다면 정부는 개인 각자의 욕망을 충족시켜주어야 하며 이러한 개인 각자의 단순한 욕망까지 만족 시켜주는 것이 정부의 권리이자 의무이기도 하다. 벤덤은 인간의 근본적인 욕망은 즐거움이나 행복이다. 개인과 정부의 기본의무는 가능한 한 즐거움을 누리고 고통을 줄이는 일이다. 따라서 어떤 행동의 정당성은 즐거움을 증진 시켜나가는데 있으며 유용성에 의해서 측정된다. 이러한 이유로 인해서 벤덤의 사상을 공리주의 사상이라 부른다.

공리주의에 의하면 행동이란 그것이 즐거움을 증가시키느냐 감소시키느냐에 따라서 인정되거나 비난을 받는다. 직관론자들은 거짓말하는 것은 항상 나쁘다고 한다. 그러나 공리주의자들은 거짓말하는 것이 만일에 즐거움을 감소시키면 나쁘며 거짓말 하는 것이 즐거움을 증가시키면 그것은 옳은 일이다. 공리주의 사상에 의하면 어떤 행동의 결과의 옳고 그름은 그것이 즐거움이냐 고통이냐에 따라서 결정된다. 공리주의의 근본원칙은 즐거움은 단지 본질적으로 선이며 선 그 자체는 근본적으로 선 이외에 아무것도 아니다. 그러나 공리주의자들이 이것을 규정하고 있다고 할지라도 그 기준은 분석적이며 종합적인 분석을 분명히 하고 있지 못하다. 공리주의자들은 사람들이 선이라고 부르는 것은 진실로 즐거움이며 사람들이 악이라고 부를 때는 그것은 고통이라고 간주한다.

벤덤의 사상은 다음과 같이 분석 할 수 있다. 자연은 즐거움과 고통에다 인간을 두고 있다. 공리의 법칙이란 인간들에게 행복을 증가시키느냐 감소시키느냐에 따라서 각자의 행동이 인정되느냐 또는 아니냐를 결정한다. 대부분의 현대의 심리학자들은 벤덤의 의견과 불일치한다고 생각된다. 벤덤의 윤리적 쾌락주의의 원칙은 모든 행동은 공리의 원칙에 부합하여야만 한다. 도덕적 행동의 근원인 윤리적 쾌락설은 벤담의 사상에 근본적인 뿌리를 이루고 있다. 홉스의 사상은 욕망의 목적으로서 선을 규정하며 굴욕의 목적으로 악을 정의하고 있듯이 벤덤도 도덕의 기본개념을 비도덕적인 관점에서 정의를 내리고 있다. 벤덤은 올바른 행동이란 행복을 증가시키는 것을 의미하며 행동이 그르다는 것은 전체 행복을 감소시키는 것을 의미한다. 벤덤은 모든 판단이 우선적인 지식을 나타낸다는 주장을 거부하고 있다. 공리의 계량적인 판단은 반드시 과학적인 관점과 실험의 결과에 의해서 입수되어져야만 한다. 또한 도덕이 과학이며 도덕의 판단은 자연과학의 통상기준에 따라야만 한다. 벤덤은 자연법이란 비합리적인 편견을 정당화시키는 것에 불과하다. 공리론의 원칙은 종전의 자연법에 대신하여 기준으로 삼아야 하며 인간의 행동을 계량적인 기준을 바탕으로 해서 벌을 주어야 한다. 벤덤은 그 당대에 법과 도덕사이에 깊이 자리 잡고 있는 편견에 대하여 반론을 제기하고 있다. 벤덤은 법과 도덕은 근본적으로 비합리적이며 법과 도덕은 공리주의의 원칙에 적용될 때까지 남겨져야 한다. 법이란 궁극적으로 최대 다수의 최대 행복에다 궁극적인 목적을 둘 때까지는 단지 독단적인 제도들의 모음으로서만 남겨 놓아야 된다.

벤덤이 사상에 기여한 공헌은 사회과학의 조사방법을 실제로 법률문제와 사회개혁의 문제에 적용 했다는 점이다. 그는 공리주의를 자연과학인 물리적 분야로부터 형이상학적인 도덕적 분야로 확대를 시도했다. 벤덤은 19세기의 영국의 기존의 제도를 제 정비시키는데 크게 기여했다. 구체적 문제나 사실적 연구를 적용하는 벤덤의 조사방법은 페이비언주의자에 의해서 계승되었다. 경제적인 관점에서 벤덤은 평등보다는 소유권의 안정에 주력하였다. 그의 견해는 자유방임의 정책이 항상 올바른 정책은 아니며 경우에 따라서 정부의 간섭도 필요하다는 것이다. 그러나 정부의 공적 활동에 대해서 궁극적인 목적은 최대다수의 최대행복에 두고 있었지만 어떤 특정한 한계를 정하지는 않았다. 벤덤의 이러한 사상은 제임스 밀과 존 스튜어트 밀의 사상에 크게 영향을 주었다.

존 스튜어트 밀과
만족한 돼지보다는 불만족한 소크라테스가 되라

존 스튜어트 밀은 제임스 밀의 아들로서 영국 공리주의를 급진적이고 개혁적인 차원에서 변화를 시킨 공리주의의 완성자이다. 당대의 석학인 아버지 제임스 밀에 의해서 철저하게 교육을 받은 스튜어트 밀은 경제학을 비롯하여 철학과 정치학의 다방면에서 박식한 사상을 보여준 당대의 석학이었다. 그의 경제학적인 차원에서의 학식과 정치학적인 관점과 철학적인 바탕은 산업사회의 과도기적 사회의 문제점을 지적하고 경제 정치적인 관점에서 문제점을 제시하면서 문제를 해결하도록 노력했다. 그의 사상은 밴덤의 쾌락주의와 최대다수의 행복을 양적인 면에다 치중한 것을 질적인 면으로 바꾸어서 그의 논리를 전개해 나간 사상가였다. 또한 그는 당시 영국 사회의 모순점을 혁명을 통해서 보다는 점진적인 개혁을 통해서 정치 경제 사회적인 면에서의 개혁을 주장한 사상가였다.

밀의 사상은 개인과 사회의 어느 쪽에 더 역점을 두어야 하는지에 대해서는 분명하지 못한 점이 많이 있다. 밀의 사상을 대표하는 저서로서 《자유론》, 《대의정치론》, 《공리주의론》, 《자서전》 등이 있다. 그의 사상은 개인과 사회를 어떻게 동시에 발전시켜 나가는가 하는 것이 그의 근본과제이자 공리주의 이론의 궁극적인 목적이라고 할 수 있다. 벤덤이 주장하는 인간의 쾌락의 양적인 문제에 대해서 그는 질적인 문제로 전환시켜 보려고 노력한 사상가였다. 정치적으로 자유주의와 경제주의의 문제가 동시에 사회의 문제로 제기되는 시대에 그의 사상은 자유경쟁제와 정부의 개입의 한계, 특혜제도의 배제 등 경제적인 관점에서의 문제점을 제기시키고 있다. 또한 정치적인 관점에서 그가 지적하는 것은 영국의 대의정치의 문제점과 여론, 선거제도의 문제점과 복수선거제등 구체적인 문제점을 지적하면서 점진적인 수정의 필요성을 주장하고 나섰다. 여성과 노동자 문제에 대해서도 당시로서는 획기적인 사상을 가지고서 사회에 도전한 사상가였다. 특히 그는 당시 남성 우위의 사회에 여성과 남성을 동등시하는 진보적인 사상가였다.

존 스튜어트 밀은 개인 인격과 발전을 사회의 발전과 연관시키고 있기는 하나 개인의 자유를 우선시하고 개인의 인격과 발전을 중요시한 철저한 개인주의 사상가였다. 이러한 밀의 개인주의 사상은 만족한 돼지보다는 불만족한 소크라테스가 되라는 그의 논제에서 알 수가 있다. 행복의 사회적 기준이 사회의 질서와 안정에 있다는 것에 대해서 반대의 입장을 나타내고 있다. 개인의 인격적인 발전이 결국 사회의 발전인 것이다. 인간의 자유는 행동과 사상 및 언론의 자유인 것이다. 개인의 독창성과 자주성을 최고로 발전시키는 것이 바로 사회의 발전인 것이다. 인간의 사회의 발전과 인간개인과의 관계를 동시에 연관시켜서 발전 시켜 나가기를 원하고 있으나 개인의 발전여하에 따라서 사회의 발전이 뒤따른다는 주장이다.

밀의 사상은 그린의 사상과 벤덤의 사상과는 다른 점을 가지고 있다. 벤덤과 그린의 중간정도의 사상을 가지고 있다고 생각하면 어느 정도 그의 사상을 이해할 수가 있다. 따라서 그의 사상은 벤덤의 개인의 양적인 쾌락추구와 최대다수의 최대행복론에 좀 더 질적인 면에서 수정을 가하기는 하였다. 그러나 그린이 주장한 사회와 개인을 동시에 보호하는 사회를 중요시하기보다는 개인이 우선시 되는 사회를 중요시 했다. 정치적인 차원에서 대의 민주주의제를 주장했다. 그러나 당시 산업민주주의 사회의 과도기에 처해있던 영국사회에 대의제의 문제점을 지적하면서 개혁을 요구하고 나섰다. 빈곤층과 노동자 문제에 있어서도 그는 노동자의 선거권을 주도록 했으며 비록 재산이 없더라도 지적인 판단능력이 있는 경제적 빈곤층에게는 복수 선거권을 부여 하도록 하는 획기적인 제안을 했다.

토머스 힐 그린과 사회복지제도의 철학을 제공하라

토머스 힐 그린Thomas H. Green은 영국 옥스퍼드 학파를 대표하는 급진적 이상주의자로 분류할 수 있다. 그린은 산업혁명으로 인한 기존사회로부터 사회체제의 복잡화 현상에 초점을 맞추어서 그의 진보적 노동자 계급에 대한 선거권 부여와 함께 사회적 참여도의 급증 등 변혁기의 사회에 맞는 사상을 제시한 인물이었다. 그린은 당시 주류를 이루고 있던 공리주의에 대해서 반기를 든 사상가였다. 공리주의는 개인보호를 중심으로 한 소극적인 사상에 불과하며 보다 적극적인 개인보호의 정부정책을 필요성을 주장하고 나섰다. 그린의 대표적인 저서 자유주의적 입법과 계약의 자유 및 정치적 의무의 제 원리에서 밴덤이나 존 스튜어트 밀의 공리주의의 비판에서 그의 논리를 전개해 나가고 있다. 벤덤이나 밀의 쾌락이 최대의 행복을 추구하는 논리와 최대다수의 최대 행복론은 개인보호차원의 소극적인 개인보호주의에 불과하다.

그린의 사상은 개인과 사회를 연결하는 개인과 사회를 동시에 보호하는 적극적인 자유의 필요성을 주장하고 나섰다. 그린의 사상은 오늘날 사회복지국가를 창출하는데 결정적인 역할을 했으며 그린을 사회복지제도의 원조로 불리고 있다. 그린에 의하면 과거의 자유는 통치자로부터 개인의 자유나 재산을 보호하는 소극적인 자유를 중심으로 하는 정부와 법이 존재하고 있었다. 그러나 이러한 법률은 개인을 단지 보호하는 차원에서의 존속에 불과하며 이러한 법과 정부의 존속은 자칫하면 개인의 인권을 침해하는 소극적인 역할을 할 우려가 있다. 그린은 개인과 사회를 동시에 보호하는 복지사회의 창출을 위해서는 개인의 적극적인 자유가 필요함과 동시에 정부의 적극적인 개인보호 차원에서의 역할을 강조하고 나섰다. 자유방임주의의 자본주의 체제에서의 자본가 중심의 대기업의 등장은 개인을 노동자로 전락시켜서 중산층의 몰락과 함께 개인의 자유는 무시당할 염려가 크다는 것이다. 그렇다고 그린은 헤겔이 주장하는 국가유기체설이나 보상케의 보수주의 국가이론을 동조한 것이 아니다. 그의 이론은 산업혁명에 의한 산업주의 사회에서 경제적인 면에서 보다는 자유주의적인 관점에서 인간 개인과 사회전체의 공존의 필요성을 주장한 진보주의자이었다.

최대다수의 최대행복은 결국은 개인 하나 하나의 복지는 생각하지 않는 많은 허점을 가지고 있다. 또한 사회의 발전과 증진은 고려하지 않고 단지 개인의 쾌락만을 강조한 것은 많은 문제점을 가지고 있다는 것이 그린의 사상 전개의 출발점을 형성하고 있다. 그린의 사상은 당시 사회가 소극적인 개인보호 차원의 사회라는 점에서 비판을 가하고 있다. 소극적인 개인보호는 법률의 제지를 받아서 개인의 자유는 침해를 받게 마련이다. 또한 당시 정부형태인 소극적 정부는 개인의 인권과 재산 침해 정도의 소극적인 보호에만 관여하는 소극적 정부형태는 산업사회에는 적합하지 않다는 것이다. 그린은 적극적인 개인보호에 관심을 돌리게 한 이상주의자 이였다. 그의 공헌은 근대 자유주의 사상으로부터 현대 자유주의 사상인 개인과 사회를 동시해 보호하는 현대의 사회복주국가를 형성하게 한 사상가였다. 그린은 자유방임주의에 바탕을 둔 공리주의 사상에 대해서 강하게 비판을 가했다.

그린은 개인과 사회의 연계성을 주장하며 개인과 사회의 상호의존성의 원칙을 내세우고 있다. 영국의 공리주의가 주장하는 질과 양의 양쪽의 균형 있는 개인의 행복과 쾌락의 추구는 사회가 가지고 있는 많은 문제점을 제대로 파악하지 못하고 있다는 것이다. 이러한 사회와 개인의 상호의존 관계에 적극적으로 개입하여야 하는 것이 국가이다. 국가의 적극적인 개인과 사회의 보호를 위해서 하는 일이 바로 국가의 존재 이유인 것이다. 그린은 노동자 계급의 선거권 인정에 대해서 아리스토텔레스의 그리스 시민이 아닌 노예의 선거권을 주어서는 안된다는 이론을 반박하고 나섰다. 시민의 권익과 사회의 안정을 위해서는 노동자 계급에게 선거권의 부여의 중요성을 강조 하였다. 또한 경제적으로 부르조아지의 급격한 성장에 제동을 걸어야 사회와 개인이 모두 생존해 나갈 수 있다. 그렇지 않으면 중산층의 몰락을 초래 할 우려가 있음을 강조하고 있다. 그의 국가에 대한 존재는 헤겔이 국가유기체 설에 의한 폐쇄적이고 보수적인 사상과는 달랐으며 보상케의 보수주의적 국가이론과는 달랐다. 그의 이론은 현대의 공리주의를 바탕으로 한 자유주의이론을 한 단계 끌어 올려서 현대의 개인과 사회의 동시보호를 바탕으로 한 복지사회 실현에 결정적인 역할을 한 사상가이었다.

제 11장
이상주의 국가 건설에 대한 철학

산업혁명으로 인해서 국가는 점차적으로 기능과 역할이 소극적으로 변하는 대신 대량생산을 위한 많은 공장 등이 설립되면서 자본가들의 영향력이 커지기 시작했다. 자본주들은 점차 무산자 계급인 노동자들의 인권을 침해하는 행동이 늘어나기 시작했다. 이러한 시대에 자본주의체제를 비판하고 지구상에서 가장 이상주의 국가와 사회를 건설하려는 움직임이 나타났다. 그대표적인 이상주의 사상가로서 헤겔과 마르크스를 들 수가 있다. 헤겔과 마르크스는 지구의 약 삼분의 일에 해당하는 공산주의 국가들의 사상적 체제를 확립하였다. 또한 헤겔과 마르크스의 사상은 후세의 헤겔파와 마르크스 파를 형성하여 현대의 자본주의체제를 비판하여 민주주의사회를 더욱 발전시키는데 크게 기여를 하고 있다. 그 대표적인 사상가로서 현대 소련의 공산주의와 미국의 사회체제를 비판하여 60년대 히피와 월남반전 운동과 함께 프랑크푸르트 학파를 설립한 허버트 마르쿠제와 현상학을 바탕으로 휴머니즘 복귀를 주장하면 현대의 체제를 비판한 장 폴 사르트르를 들 수가 있다. 이들은 현대사회의 체제를 비판하여 현대사회의 모순점을 시정하려고 노력한 정치 사상가들이었다.

헤겔과 변증법적 변화를 추구하는 철학을 찾아라

현대나 과거의 사상사에서 헤겔을 빼놓고서는 사상사가 성립될 수 없다는 말이 있다. 헤겔이 인류의 정치, 경제, 사회, 문화에 끼친 영향은 지대하다. 현대 전 세계의 많은 국가들이 공산주의 사상의 바탕위에서 움직이고 있다. 이들 공산주의 사상의 기초가 된 마르크스 사상은 헤겔로부터 크게 영향을 받았다. 학문적인 면에서 헤겔의 변증법적 방법론은 자연과학이나 사회과학의 모든 분야에서 기초를 이루고 있다. 그중에서 역사학분야에서 헤겔 사상은 깊은 관련을 가지고 있다. 윌리암 프리디히 헤겔George Wilhelm Fredrich Hegel은 1770년 독일 슈트가트에서 부뎀베르크 왕국의 재정관의 아들로 태어났다. 그는 슈트가트 문법학교에 다녔으나 그곳에서는 학문적으로 두각을 드러내지 못했다. 헤겔은 1788년 튀빙겐 대학에 들어가 1793년 철학박사학위를 받았다. 이 기간 동안 헤겔은 형이상학에 깊은 관심을 가지고 있었으며 플라톤의 도시국가의 윤리적 공동사회와 독일의 당시상황을 고대희랍의 도시국가와 비교하면서 연구했다. 헤겔의 구상은 인간의 자유가 그리스에서 실현 되지못한 것에 대해서 관심을 가졌다.

튀빙겐을 떠난 후 헤겔은 베른에서 개인 가정교사로서 일하다 프랑크푸르트로 갔다. 1799년 부친이 유산을 남겨놓고 사망하자 헤겔은 제나에서 대학에서 지식인으로서 성공하기로 결심했다. 1801년부터 헤겔은 대학에서 윤리와 형이상학을 강의하기 시작했다. 그가 겨우 교수로서 경력을 시작 할 즈음 나폴레옹군대의 침입으로 인해서 제나 거리를 휩쓸고 있는 나폴레옹을 보았다. 헤겔이 나폴레옹을 보는 순간 너무나 경탄한 나머지 나폴레옹을 지상의 영혼이라고 불렀다. 나폴레옹에 대한 그의 존경심은 인간에게 권력을 부여하는 것이 얼마나 중요한 것인가에 대해서 깊이 있게 사고하도록 했다. 이때부터 헤겔의 이론은 마키아벨리의 권력의 성격과 권력자의 역할에 대해서 깊이 있게 사고하도록 했다. 특히 프랑스 혁명은 그 당시 모든 사람에게 깊은 영향을 주었듯이 헤겔에게도 깊은 영향을 주었다.

프랑스 혁명은 독일사회에 있어서 상하의 조직구조에 있어서 지적이고 사상적인 면에서 새로운 도전을 가져오도록 했다. 프랑스 혁명은 독일사회에 있어서 여태까지 존재했던 봉건적이고 권위주의적인 사회로부터 합리적인 바탕을 배경으로 한 개인의 자유를 존중하는 사회로 재구성 되도록 하는 움직임을 보여 왔다. 테러행위에 대해서 깊은 반감을 가지고서 헤겔은 프랑스 사회가 빨리 합리적인 사회가 되도록 기대했다. 헤겔은 독일의 낭만적인 직관론 다시 말하면 합리적이고 직관적인 사상을 지구상의 장엄한 사상으로 바꾸려고 노력했다. 헤겔 사상의 본질을 이해하는 것은 사상의 복합성 때문에 굉장히 복잡하고 광범위하게 만들고 있다. 헤겔은 모든 영감으로부터 모든 위험성이 따른다고 본다. 쇼펜하우어는 헤겔을 협잡꾼으로 몰아 붙였다. 그

럼에도 불구하고 철학이론에서는 헤겔의 영향력을 어느 누구도 따라 갈수가 없다. 모든 사상가들은 헤겔의 역사와 정치 질서의 특성을 보여 주려고 노력하고 있다.1807년 헤겔은 그의 가장 중요한 저서인 정신현상을 출간했다. 이 작품은 인간의 역사와 정신의 자아의식의 분석에 관한 연구였다. 이러한 학문적 성공은 헤겔이 나폴레옹전쟁으로 인해서 황폐된 제나를 떠나서 신문사의 편집인으로 변신하도록 만들었다.

1816년 헤겔은 그의 최대의 걸작품인 논리의 과학을 발표했는데 이 저서는 변증법에 관한 체계적인 분석이 포함되어 있다. 헤겔의 걸작 논리의 과학은 그의 명성을 더욱 높여서 베를린 대학과 하이델베르크 대학에서 교수직이 제공되었다. 헤겔은 하이델베르크 대학에서 1818년까지 머물렀으며 1818년 피에테가 죽자 베를린 대학의 학장으로 자리를 옮겼다. 1821년 헤겔은 권리의 철학을 발간했다. 이 시기에 그는 유명하고 권위 있는 사상가가 되어 있었다. 1831년 11월 헤겔은 콜레라에 감염되어 죽었다. 헤겔의 후기생활의 보수적인 경향은 나이가 들수록 더욱 심해졌다. 비록 헤겔은 많은 학자들로부터 존경을 받기는 했으나 헤겔의 강의는 별로

명 강의는 아니었다. 그의 인간성은 딱딱하고 메마른 사람이란 평을 받았으나 그 당대의 최대의 사상가임에는 틀림없다.

헤겔의 사상을 이해하기 위해서는 실체, 정신, 변증법 등의 용어의 개념을 이해하여야 한다. 실체에 대한 의식의 용어로서 의식, 자아의식, 이성, 정신, 종교, 절대의식 등을 들 수가 있다. 또한 '정, 반, 합'과 '정-반-합'의 논리를 이해하여야 한다. 여기에 자유 · 마음 · 주제 · 관념 등의 개념도 이해하여야 한다. 헤겔 사상을 요약하면 모든 것은 다른 것과 연결되어져 있다. 또한 모든 각각의 것은 전체와 상당한 응집력을 가지고 있기 때문에 서로 관련되어져 있는 것을 깨뜨릴 수 있다. 그러나 무엇보다도 중요한 것은 헤겔의 방법론적인 면에서의 기여이며 가장 위대한 공헌은 변증법이라는 새로운 논리이다. 헤겔이 풀려고 노력한 문제로 우리가 돌아가면 그것은 크게 도움이 된다. 처음부터 그것은 정치적이고 형이상학적인 문제를 가지고 있다. 일반적으로 철학자들은 어떤 것을 똑바로 교정하는 것으로부터 시작한다. 헤겔의 경우도 고대 그리스의 플라톤이나 근세의 칸트 두 사상가를 기준으로 삼고 있다. 헤겔은 칸트의 윤리적인 철학을 찬양하기는 했으나 만족하지 못했으며 데카르트와 스피노자의 수학과 지리학의 체계적이지 못하고 생동감 없는 철학에 대해서 만족하지 못했다. 그러한 결과로 인해서 헤겔이 창안해낸 것이 변증법이다.

플라톤의 대화의 변증법은 어떤 주어진 문제를 가지고서 정반대의 문제를 제기해서 서로 질문과 대답을 반복하므로 해답을 찾는 대화식을 방법을 채택했다. 이 방법을 통해서 선의 이데아를 향해서 필요 없는 것은 하나하나 지워나가는 방법을 사용하고 있다. 아리스토텔레스가 분류한 종자와 종류의 개념 역시 절대적인 이분법이 필요했다. 칸트는 생각하기에는 더 이상 쪼갤 수 없는 12개의 인식론상의 범위를 나누었다. 구체적인 보편성이라는 헤겔의 논리는 플라톤의 선이라는 일원론을 부인하고 아리스토텔레스의 모순적인 논리 및 칸트의 제한된 숫자로 인식론의 범위를 좁히고자 한 논리를 반박하였다. 헤겔 사상의 근본은 모든 사상의 범위는 어떤 하나의 범주로부터 끌어낸다거나 또는 어떤 범주의 예가 될 수 있다는 종전의 사상가들의 이론을 반박하고 나섰다. 헤겔 사상의 근본은 어떠한 개념은 그 개념 자체 안에서 서로 반대가 되는 어떤 요소를 포함하고 있다는 것이다. 이러한 반대 요소는 그 개념 자체 안에서 구출 할 수 있다. 근본적으로 아주 작은 그 개념의 근본요소 까지도 찾아낼 수가 있다. 반대에서 나오는 더 높은 논리는 전체를 다시 회복시키도록 하는 합이라는 것을 요구하고 있다. 이 논리는 합법성을 창조하고 있다. 이러한 합법성은 예를 들어 설명하면 A냐 A+냐 의 둘을 창조 시킨다. A나 A+는 서로 차이점이 있다는 점에서만 동일 할 뿐이다. 그러나 결국은 두 가지가 합쳐진다고 볼 수 있다.

인간의 지식형태는 3인으로 구성되어져 있다. 헤겔이 말하는 정이라는 개념은 반이라고 하는 요소를 탄생시킬 요소들을 포함하고 있으며 이러한 두 가지 모두가 분석되고 합쳐져 결국은 합이라고 불리는 단계에 도달하는데 이 합이 바로 이성인 것이다. 이 정-반-합의 세 가지가 인간의 지식형태를 구성하고 있으며 인간의 지식이 알고 있는 모든 형태를 요구하고 있다. 헤겔은 존재라는 개념에서 시작해서 그의 존재에 대한 해석을 변증법적으로 풀어나가고 있다. 존재란 것은 모든 존재하는 특수한 것들을 깨끗하게 만들어서 결국에는 아무것도 존재하지 않는 무에로 향하게 한다. 존재가 무에로 변화란 죽는 것을 의미하며 존재로의 변화는 다시 탄생하는 것을 의미한다. 존재와 무가 합쳐서 된 것이 생성이라는 말로 표현 할 수 있다.

존재-무-생성의 3단계는 다른 곳에서 똑같이 적용될 수 있다. 존재-본질-관념의 3요소가 정-반-합의 관계에 있다고 할 수 있다. 그러나 헤겔의 사상은 부정의 관념으로서 변증법을 사용하고 있으며 긍정적인 관념으로 사용하고 있는 것은 아니다. 따라서 헤겔의 목적은 사상에 있어서 정적인 상태에 있는 것을 사상과 행동의 양쪽을 합쳐서 생동감이 나도록 만드는데 있는 것이다. 헤겔의 변증법은 고유 전통적인 논리 방법과는 전혀 다른 방법을 사용하고 있다. 그것은 새로운 사상의 형태라고 볼 수 있으며 이 세상의 끊임없는 움직임을 적용하거나 반영시킨다고 할 수 있다. 변증법은 수학적인 관계나 추론적인 합리성을 나타내는 것은 아니다. 헤겔은 인간의 역사란 변증법의 전개임에 틀림없다고 본다. 권력을 잡아서 다시 그 권력 간의 갈등으로 인해서 다시 더 높은 곳으로 향하는 것이라는 것이다. 존재라는 것은 밑바닥부터 정- 반-합의 원칙에 근거해서

무를 통해서 생성으로 전개되어 지고 있는 것이다. 정-반-합의 단계를 거친 후에는 다시 존재라는 곳으로 들어가서 변화를 계속한다. 절대적인 생각이란 주관과 객관이 합쳐진 것을 말하며 이 생각은 다시 변증법의 방법을 통해서 사상- 자연- 정신이란 삼단계의 변화를 추구하고 있다. 그러나 헤겔의 변증법의 문제점은 헤겔은 반박과 부정을 사용하는데 있어서 혼란을 가져오고 있다.

헤겔의 사상의 문제점은 두 가지 면에서 찾아볼 수 있다. 헤겔은 당시 독일국가에서는 더 이상 올라갈 수 없도록 생각하도록 한 모순점을 가지고 있다. 마르크스가 노동자 계급의 사회에서 모든 사회계급이 중단되듯이 그 당시의 독일국가에서 모든 것이 중단되도록 만들었다. 헤겔은 주권국가 형태 이상의 정치생활은 생각하지 않았으며 주권국가들 간의 갈등의 결과로 생기는 전쟁을 찬양했다. 헤겔의 관점은 독일 국가가 오랜 기간 동안의 문화적인 발전을 하여 왔다는 것은 사실이다. 그러나 최고 수준의 정점으로 잡는 것은 모순이라고 볼 수밖에 없다. 만일 헤겔이 믿는 사상이 사실이라면 어떠한 사상도 현세계로 변화할 수 없으며 독일문화의 찬

양은 그가 알고서 칭찬하던 그 시대로 끝났다고 할 수 있다. 우리가 객관적인 시각에서 헤겔 사상을 비난하기에 충분하다. 헤겔이 나타낸 것은 독일인들의 문화적인 면에서 설명이 분명했지만 정치적인 면에서는 언급이 없었다. 헤겔의 전쟁에 관한 찬양은 분명히 낭만적인 면을 가지고 있다. 헤겔은 바람은 바다가 불결함으로부터 막아 주듯이 전쟁은 사람들의 윤리적인 건강을 보호해 준다는 것이다. 국가의 더 좋은 목적을 위해서 사람들을 희생시키는 것은 공통적인 의미이다. 전쟁이 국가의 통일을 위해서 발생한 것이라면 그것은 분명히 전쟁이라는 개념 속에 좋은 요소가 들어 있음에 틀림없다. 헤겔의 전쟁에 관한 개념은 분명히 20세기의 전면적인 전쟁의 개념과는 다르다. 합리적인 관점에서는 전쟁이란 분명히 법의 테두리 안에서만 이루어져야 한다.

전체와 부분간의 갈등을 동시에 보는 것은 불가능하지 않다고 할 수 있다. 이것이 변증법의 본질이다. 헤겔이 보는 역사에 관한 관점은 역사의 궁극적인 선이란 항상 개인의 즐거움과는 일치하지 않는다. 이 세상의 역사란 행복의 극장이 아니다. 헤겔이 보는 이세상의 행복한 기간이란 지구의 역사책에서 공백상태를 말하는 것이다. 그러한 근본적인 원인은 이기간은 정-반-합의 원리에서 반이란 상태가 없는 조화된 기간이기 때문이다. 헤겔을 20세기의 입장에서 볼 때 그가 전체주의자라는 생각은 분명히 부당하다. 헤겔은 그의 헌법에 관한 논문에서 지방자치 정부, 재판의 배심원제도, 언론의 자유 등 민주 자유주의와 관련된 점들을 많이 언급하고 있다. 헤겔은 국가와 교회의 분리를 주장했다. 예술, 종교, 철학들은 비록 국가에 속해 있더라도 국가에 예속되어져서는 안 된다. 헤겔은 좋은 법을 지원할 공공여론의 필요성을 강조하고 있다. 국가의 의무와 시민의 권리뿐만 아니라 의무도 모두 중요하고 신성하기 때문에 법률로서 그것을 규정하여야 한다. 이러한 모든 것을 보면 헤겔은 분명히 전 근대국가에서 자유를 부르짖은 사상가 중의 한 사람임에 틀림없다.

헤겔의 정신을 이해한다는 것은 정신이라는 용어 하나만으로는 힘들다. 헤겔을 이해하기 위해서는 헤겔 체계 전체를 서로 연관 시켜서 개인적인 차원에서의 정신을 이 세계의 역사와 이 세계의 철학 모두와 관련시켜서 생각해야한다. 헤겔의 정신세계를 이해하기 위해서는 헤겔의 정신현상을 이해하여야 한다. 헤겔의 정신현상은 플라톤과 아리스토텔레스로부터 크게 영향을 받았다. 플라톤으로 부터는 표면상에 나타난 것과 그 속에 들어있는 실체를 구별하는 실체를 배웠으며 아리스토텔레스로부터는 물질세계와 정신세계 사이에 연결되어질 수 없는 어떠한 영속성을 찾아냈다. 그리스시대의 철학자로부터 칸트에 이르기까지의 철학사상가들과는 달리 헤겔은 주체와 객체의 이 분성을 초월하려고 노력했다. 이러한 주체와 객체의 분리를 극복하려고 노력한 결과 헤겔은 진정한 사물의 본체라고 보는 사물자체의 자아의식을 통해서 이분법을 극복했는데 이것이 바로 정신이다. 헤겔이 보는 정신은 플라톤적 정신 즉 계속해서 자기 자신이 움직이고 있는 이상적인 정신을 말한다. 순수한 주관이 되기 위해서는 정신을 내부에만 머물러 있는 것이 아니라 밖으로 나가서 밖의 세계에 있는 객체와 객체의 힘을 알아서 주체와 객체가 하나가 되는 세계를 만들어야만 한다는 것이다.

마르쿠제와 일차원의 인간에서 벗어나는 철학을 추구하라

마르쿠제Herbert Marcuse는 1898년 독일의 베를린에서 태어났다. 그는 베를린 대학과 프라이버그 대학에서 공부하여 1922년에 박사학위를 받았다. 마르쿠제의 학위논문은 헤겔의 존재론과 역사철학과 존재론에 관한 연구였다. 나치전쟁 하에서 그는 독일을 떠나서 스위스로 가서 일 년 동안 제네바에서 가르쳤다. 마르쿠제는 미국으로 이민을 하여 콜롬비아 대학에 적을 두었다. 이차 대전 동안 마르쿠제는 미 국무성의 정보연구소의 연구원으로 일했으며 연구소의 동유럽 분야의 소장직무대리로 일했다. 얼마 후 마르쿠제는 콜롬비아로 돌아왔으며 또한 하버드 대학의 러시아 연구소에서 마르크스 사상에 관해서 연구를 하였다. 1954년부터 1967년까지 마르쿠제는 캘리포니아 대학의 샌디애고 분교에서 가르쳤으며 1979년 사망했다. 마르쿠제는 20세기 중반의 미국사회를 비평하고 분석했으며 특히 급진파 학생들에게 인기가 있는 사상가이다. 마르쿠제는 제3세계에 강한 영향을 주었으며 프랑크푸르트 사회연구소의 공동 설립자였다. 마르쿠제는 그의 대표작인 일차원의 인간을 1964년에 출간하여 수백만부가 팔렸다. 일차원의 인간에서 마르쿠제가 나타내고자 했던 것은 현대사회에서 인간을 억압하는 요소들이 무엇이며 인간의 목적을 달성하기 위해서 사회제도와 태도를 바꾸는 혁명적인 변화가 필요하다는 것을 제시하였다.

마르쿠제는 부정적인 사상가이다. 부정적인 사상가란 현존하는 사회의 조건들을 비판하는 것을 의미한다. 존재한다는 것은 그것의 잠재력을 부정한다는 것이다. 존재하는 것의 완전한 잠재력을 개발함으로서 현존하는 질서의 부정적인 특성들을 긍정적으로 변화시키는 것이다. 마르쿠제의 사상은 인간은 자본주의 제도 하에서 완전히 포장되어서 쌓여 있다는 것이다. 그의 대표작인 일차원의 인간에서 주요 쟁점은 현대의 발달된 단순한 사회에서 기술의 발달은 이전 사회에서 존재하던 체제에 대한 불만과 반대의사를 표시하던 개인의 갈등을 없애는 역할을 해왔다. 과거 시대의 물질적인 부족으로부터 해방은 현대인을 생산물의 노예로 전락시키고 말았다.

마르쿠제에 의하면 이제는 현대인 개인 각자가 더욱 더 자기 자신을 잘 관리하고 있다. 다시 말하면 인간은 그들이 만들어 놓은 그물에 꽁꽁 묶어져 버리게 되었다. 과거 같으면 사회에 대해서 불만을 표시하고 범죄를 저지를 사람도 새로운 사람으로 변모하여 현 체제에 맞추어서 개방하여 사회에 적응하려고 노력하고 있다. 따라서 사람이 사회에서 인간답게 살기위한 새로운 개혁은 상당히 힘들어져 있다. 그 이유는 대부분의 사람들은 사회의 새로운 변화에 대해서 거부 반응을 보이고 있다. 뿐만 아니라 사회에서 실제로 힘을 행사하고 있는 사람들은 강하게 개혁을 거부하고 있다. 따라서 마르쿠제의 주장은 사회의 개혁은 사회로부터 소외되어 있는 사람들에 의해서 주도 되어져야만 한다. 마르쿠제는 현 정부의 권위를 부정하고 있다. 현 정부의 권위를 부정함으로서 사람들은 자유의 필요성을 알며 피부로 느낄 수 있는 것이다. 자유란 단순히 그가 가지고 있는 사회의 신분을 의미하는 것이 아니라 자기 자신이 주체가 되어서 의식을 가지고 행사 할 수 있는 행동을 의미하는 것이다.

자유란 인간이 권리란 무엇인가 하는 것을 알고서 그것에 따라서 행동하는 힘을 말하는 것이다. 또한 자유란 자기 마음속에 가지고 있는 잠재력에 맞추어서 그 잠재력을 실제로 실체화 시킬 수 있는 힘을 말한다. 개인은 반드시 자기 자신의 상황을 판단하여 행동할 수 있어야 하며 단순히 그 상황에 따라서 행동하여야 한다. 마르쿠제에 의하면 일차원의 사회에서 인간은 더욱 감각적이며 더욱 강인한 감정을 가지고 있다. 일차원의 인간은 더욱 마비되어버린 인간이며 불행으로 가득 차 있으며 노동의 도구에 불과한 인간이다. 대량생산과 대량분배, 대량 소비는 인간을 개성 없는 대량 인간으로 만들었으며 개인은 사회가 요구하는 인간으로 만들어 버렸다. 그 결과 사회는 안정되고 평탄하고 합리적이고 민주적인 자유의 사회로 만들었다. 마르쿠제의 완전한 사상은 인간을 이러한 일차원의 사회의 죄수로부터 구출하는 것이 목적인 것이다. 마르쿠제는 현대사회의 현대인들에게 장래의 어떠한 밝은 전망을 제시하고 있다. 그가 보는 관점은 이 세계의 가장 나쁜 병폐는 사회의 풍부성 때문이다. 사회를 악화 시켜나가는 원인은 자본주의 체제의 경제성에 달려있는 것이 아니다. 경제력으로 인한 풍부한 사회에서 생기는 인간의 이기심과 더욱 풍부한 물질문명을 느끼고 싶어 하는 인간의 마음이 사회를 더욱 위험하게 만든 다는 것이다.

사르트르: 실존은 본질에 앞서는 철학을 추구하라

사르트르Jean Paul Sartre의 학문적 배경을 이해하지 않고는 그의 사상을 이해한다는 것은 불가능하다. 사르트르는 1905년 파리에서 출생했으며 1차 대전 후 교육을 받았다. 그는 유명한 에꼴노말러 슈빼리에 들어가 1929년 거기서 시몬느 드보봐르를 만났다. 1930년부터 1944년까지 사르트르는 고등학교에서 철학을 가르쳤다. 그리고 훗셀의 현상학과 하이데거의 실존주의의 아성인 독일 프라이버그대학에서 1년 간 공부했다. 사르트르의 교육경력은 전쟁으로 중단되었으며 1939년 징집되었으며 1940년 투옥되었다. 1941년 출감 후 사르트르는 멀로우 뽕뛰와 더불어 지식인 반항단체인 레지스땅스를 조직하였다. 사르트르의 레지스땅스 활동은 분명히 확인되지는 않지만 사르트르는 특별히 과격행동에는 개입한 것 같지 않다. 구토가 1938년 출판되었고 존재와 무는 1943년 출간되었지만 30대 초반부터 이 작품을 준비한 것 같다. 이 작품은 전쟁과 위기의 표현이라고 사르트르는 지적했다.

사르트르에게는 훗셀의 현상학이 전환점이 되었다.

1936년에서 1937년 사이에 출간된 자아의 초월이라는 논문에서 사르트르는 몇 가지 문제점을 제기했는데 그 문제에 대한 해답을 통하여 사르트르 자신의 독특한 현상학적 길을 열었다. 한편 2차 대전까지 사르트르는 정치에는 별로 관심을 갖지 않았다. 1945년 사르트르는 실존주의는 인문주의라는 유명한 강의를 했다. 그는 두 차례에 걸쳐서 도미 했으며 레지옹꼬노르 훈장 수여를 거절했다. 사르트르의 정치에 대한 관심은 그로 하여금 공산주의에 접근하도록 했다. 그는 자신을 마르크스주의자라고 묘사했지만 유물론자는 아니었으며 공산주의자도 아니었다. 1950년 사르트르는 마르크스시즘의 진보적 개혁을 시도했다. 1960년 사르트르는 마르크스시즘의 테두리를 벗어나지 않으면서 실존주의를 추구하는 거작 유물론 비판을 출판했다. 여기서 사르트르는 당대의 마르크스주의자들이 마르크스가 인정한 인간존재의 특수성을 발견하지 못했다고 비난했다. 사르트르는 마르크스의 소외와 유사한 소외의 개념을 소개한다. 그러나 그것은 존재와 무의 연장으로서의 특징을 나타낸다. 1948년 이후 사르트르는 정치와 윤리 문제에 꾸준한 관심을 보여 왔다. 1968년 이후 소비에트 사회주의와 프랑스 공산주의에서 점차 벗어나 점점 모택동 노선과 출판물에 심취하게 되었다.

사르트르에 의하면 의식의 세계가 무의식의 세계 즉 암흑의 세계와는 근본적으로 구별되는 존재형태를 나타낸다. 사르트르는 의식의 세계와 무의식의 세계를 구별하기 위해서 헤겔의 용어법을 사용하고 있다. 즉 in itself는 무의식, 즉 암흑의 세계이며, for itself는 의식, 즉 광명의 세계이다. 이러한 존재의 두 형태는 인간의 현실 세계를 통하여 나타난다. for itself는 스스로 in itself와 차이를 확인하며 이러한 과정에서 그 자신이 무의 세계라는 것을 밝힌다. 의식의 세계는 in itself에 비하면 의식만을 통해서 존재할 수 있고 인간을 통해서는 아무것도 존재 할 수 없다. 존재 밖에 인간이 존재할 수 있는 것은 오직 의식을 통해서 만이다.

사르트르의 현상학적 존재론은 전적으로 의식의 현상학적 분석에 근거하고 있다. 사르트르는 의식의 분석에 집중적 관심을 집중시키고 있다. 그의 주장에 의하면 인간은 의식의 구조를 분석하지 않고는 인간의 실존적 상황을 이해할 수 없다는 것이다. 결국 사르트르는 의식을 여론의 출발점으로 삼았다. 의식이란 무엇인가?

우리는 어떻게 의식을 분석할 것인가? 사르트르에 의하면 모든 의식은 어떤 사물에 대한 의식이다. 의식의 활동은 개념적이다. 사르트르는 의식의 개념이론을 인정한 반면 훗셀의 선험주의에 대해서는 비판적이다. 사르트르의 주요 관심사는 정신활동은 의식 활동이라는 것을 보여주며 의식 활동은 결코 객관화 내지는 실체화될 수 없는 그 무엇이라는 것을 보여주고자 하는 것이다.

우리가 즐거움을 경험하였거나 의자를 보았다는 의식은 결코 이 즐거움이 경험이나 의자를 보았다는 것과 분리될 수 없다. 의식은 활동의 일부이며 위상이나 대상이란 의미에서 실존하는 것은 아니다. 다른 말로 대상으로서 무엇을 가졌다는 의식 활동은 어떤 특수 실체로서의 의식의 존재를 의미하는 것은 아니다. 사르트르는 의식의 존재 형태를 강조하고 있다. 사르트르의 주요 논지는 우리가 무엇을 경험하고 있다는 의식은 비반사적 속성을 지니고 있으며 또한 대상으로서의 자아의 실현과는 연관이 없다는 것이다. 사르트르의 주장은 존재란 지식을 객관화하기 전에 이미 존재하는 것이다. 이러한 이유로 사르트르는 데카르트의 실제론을 거부하고 있다. 데카르트는 생각하는 실체로서 나는 존재한다는 기본명제를 사용했듯이 사르트르는 이 명제를 거부한다. 사르트르는 또한 완제품으로서의 자아개념을 거부한다. 자아란 나의 존재의 저 밑바닥에 잠재해 있는 본질적 실체가 아니다. 그것은 이상이며 제한이며 나의 행동과정에서 끊임없이 나타나는 그 무엇인 것이다. 그것은 끊임없는 부재적 현재absent present로서 자기에게 부여된 그 무엇인 것이다. 자아란 다른 말로 끊임없는 창조의 과정에서 나타나는 것이다.

사르트르는 마르크시즘 지식인으로서 고별을 선언했다. 1968년 5월, 사르트르는 급진 지식인은 무엇보다 먼저 자신의 지식을"대중을 위해 사용하기 위하여" 자신이 지식인이라는 인식부터 버려야 한다고 결심했다. 결국 사르트르는 이론과 실제를 구별하고 있는 것이다. 1968년 이후 사르트르의 태도는 행동적으로 또 다른 변화를 했다. 그는 행동하기 시작했다. 거리에서 사르트르는 모택동 신문을 배포하자 당국은 이의 단속에 나섰다. 1971년 사르트르는 당시 불란서 사회 현상을 모택동의 문화혁명의 모형으로 간주했으며 공산당의 노선을 이탈, 독특한 당 노선을 지향할 수 있다고 했다. 또한 쿠바혁명노선도 인정했다. 쿠바혁명노선은 지향점이 존재하지 않고 이데올로기가 없으며 역사의 법칙에 관심이 없기 때문에 사르트르는 그것을 찬양했다.

1971년 한 인터뷰에서 사르트르는 급진적 지식인이란 어떻게 해야 하는가에 대한 대답에서 지식인은 행동해야 하며 급진적 지식이란 무엇보다 체제에 대한 저항노선을 행동적으로 보여야한다는 새로운 노선을 밝혔다. 이것은 사르트르의 새로운 지향이며 1970년대의 좌익 지식인으로서의 사르트르는 쿠바의 회상에서 반 지식인적 노선을 계속하면서 정치에 대한 가치판단을 거부하고 나섰다. 오늘날 사르트르는 정치적 행동주의와 작가의 위치까지도 구별하고 있다. 30년간 의문과 명상 끝에 장 폴 사르트르는 드디어 급진지식인에 대한 결론에 도달했다. 그는 오직 행동주의만이 지식인을 정당화 할 수 있다고 주장했다. 사르트르는 인간을 자기 자신으로부터 구원할 수 있는 것은 아무것도 없다. 하나님의 존재 마져도 이는 불가능하다는 점을 깨닫고 인간은 자기 자신의 복귀방법을 강구해야 한다고 했다. 이 말은 인간 철학의 지향점을 분명히 시사하고 있다. 그러나 사르트르는 어떤 때는 인간의 이런 측면, 때

로는 저런 측면을 강조하기 때문에 마르크스주의자들은 그가 비합리주의자이며 인간성에 대한 사회적, 환경적 결정측면을 무시하고 있다고 비난하며 자유주의자는 그의 허무주의에 대하여 기독교인들은 그의 비관주의에 대하여 비난하고 있다. 이러한 모순에도 불구하고 사르트르는 이론적인 측면에서도 인간은 다양할 수밖에 없다고 주장함으로서 그의 입장을 정당화하고 있다.

한편 사르트르는 그의 본질론의 근거를 훗셀의 본질론의 출발점인 주관주의에 두고 있다. 훗셀은 의도주의의 고찰에 엄격한 방법을 개발한 반면 사르트르는 그러하지 못했다. 사르트르는 의도주의를 포기함으로써 훗셀 현상학적으로부터 과감히 이탈했다. 훗셀의 의도주의에 대한 논쟁의 결과는 각종 이상주의는 초월적 존재를 발견할 수 없다는 것이다. 사르트르의 현상학을 이해하기 힘든 가장 큰 이유는 그의 현상학을 훗셀의 현상학을 완전히 포기했기 때문이다. 사르트르가 의도주의를 자기이론의 출발점으로 하고 있지만 이것이 훗셀의 의도주의를 의미, 성격, 용도 면에서 그대로 채택하는 것은 아니다. 사르트르가 마르크시즘을 채택한 것은 의식을 현상학적으로 분석한 결과 자기가 처한 어려운 상황으로부터 벗어나기 위해서다. 이러한 분석으로 그는 본질로서의 의식의 형태와 객체의 특징으로서의 무의식의 형태를 구별하며 의식은 본질적이라는 결론을 내렸다. 사르트르에 의하면 인간의 주관이란 본질적으로 설명할 수 없는 부정의 복합체이다.

인간은 자유를 향유하지만 자유란 단지 인간자체의 무력성과 존재 자체의 불합리성을 노출시킬 따름이다. 자유란 자신의 의식결정에 대하여 전적으로 홀로 남는다는 의미이다. 즉 그것은 모든 외적제도, 체제, 이론에 대하여 영원한 존재론적 초월을 의미하며, 그것은 인간의 주관에 대한 객관화는 불가능하다는 사실을 상기시킨다. 이것은 사르트르의 실존적 현상학적 분석의 결과이며 이러한 논리로 볼 때 인간이 어떻게 제3자와 관련되느냐 하는 단순한 문제들도 쉽게 해명할 수 있는 것 같다. 사르트르의 또 다른 약점은 자신의 과거다. 끊임없이 개인적 프락시스를 강조함으로써 자유존재의 본질적 구조를 규명하는 초기의"존재론적 본질론"을 반영하고 있다. 사르트르는 그의 본질론을 변증법적 유물론으로 대치하면서도 자기도 전적행위에 대한 자신의 관심은 버리지 않으려고 한다. 이러한 시각은 현상학이나 마르크시즘의 시각과는 일치하지 않는다. 사르트르는 실존주의와 마르크시즘 사이에 존재하는 몇 가지 유사점을 발견했다. 그 유사점중의 하나는 실존주의란 단순한 이론보다는 행동을 강조하며 현실에 대한 학구적 초월보다는 개입을 강조하고 있다는 것이다. 실존주의는 학문으로서 철학을 배격하며 "행동 없는 설득을 반대한다."이러한 점이 사르트르가 마르크시즘은 호소력이 있다고 생각한 이유이다. 마지막으로 결론을 내린다면 사르트르의 진보적 사상은 인간적이라는 것이다. 왜냐하면 사르트르가 제시한 인간형은 자유롭고 주도적으로 행동하며 행동을 통하여 자신을 창출하는 인간이다. 자유인간은 모든 동료에 대한 자기책임을 발견한다. 따라서 결론은 존재는 본질에 선행하며 자유는 이성을 만든다는 것이다.

에필로그

21세기 디지털 혁명을 일으킨 스티브 잡스는 스탠퍼드대학 졸업식 연설에서 철학의 중요성을 강조하였다. 잡스는 철학이 컴퓨터 혁명의 원동력을 제공하였다는 주장을 하였다. 과학 분야에서 발전의 원동력은 기초학문인 물리학이다. 물리학을 바탕으로 모든 과학은 발전의 속도를 가하게 된다. 물리학은 형이하학이다. 형이하학의 원동력을 부여하는 학문이 바로 형이상학인 철학이다. 따라서 철학은 인류의 사회와 과학 발전의 원동력을 제공하는 모티브 역할을 하고 있다.

이제 과학은 무한대의 속도로 발전을 거듭해 나가고 있다. 인간이 만들어 놓은 인공 지능에 인간이 지배당하는 위기에 놓여 있다. 주변 환경은 어지러울 정도로 급변하고 있다. 제 4차 산업혁명은 산업사회와 후기 산업사회 시대를 허물어 놓았다. 대량생산과 정밀성이 특성이었던 후기 산업사회는 산업사회 이전의 단계와 해체주의 현상이 나타나고 있다.

수천년간 계속된 동양 중심의 세계는 서양에서 일어난 산업혁명으로 인해서 서양 중심으로 인류 역사는 바뀌고 말았다. 21세기의 디지털 혁명으로 인해서 동서양의 위상이 변화되어지고 있다. 중국을 비롯한 일본과 한국이 유럽 국가를 제치면서 과거 수천 년간 지속된 동양중심의 역사를 새롭게 만들어 나가고 있다.

이러한 시대에 우리에게 필요한 것은 무엇인가. 바로 제4차 산업혁명 시대에서 승자로 등장하는 일이다. 한국은 19세기 말의 산업혁명 여파에 적응하지 못했다. 반면 우리보다 문화적으로 후진국인 일본은 산업혁명에 적응하였다. 그러면 세계 10위권의 경제대국인 한국은 앞으로 닥쳐올 제4차 산업혁명을 성공적으로 이끌 인프라를 구축하였는가.

서양 강대국들과 같은 경제대국의 대열에 들어선 한국은 경제를 기반으로 한 사회전반에 걸친 제 4차 산업혁명의 인프라를 든든하게 구축하는 일이 필요하다. 인프라 구축을 위해서 필요한 것이 바로 기초과학 분야다. 동시에 기초과학 분야를 튼튼하게 만드는 것이 바로 철학이다.

현대 사회를 살아가는 현대인들은 자신에게 필요한 지식만 습득하는데 주력하고 있다. 다시 말하면 자신의 전공분야에만 타의 추종을 불허할 정도로 전력을 투구하고 있다. 자신의 분야에서는 전문가이면서 조직에서 성공하지 못하는 원인은 무엇인가. 바로 전문분야를 잘 돌아가게 하는 윤활유 역할을 하는 지식이 바로 철학 지식이다.

철학 지식이 풍부한 사람은 직장에서나 사회에서 가장 필요한 인간관계에서 성공한다. 철학의 지식을 활용하여 대화를 성공적으로 이끌어 나갈 수 있기 때문이다. 철학의 깊은 교양지식을 바탕으로 누구에게나 접근하는 친화력을 바탕으로 상대방에게 교양 있는 인간으로 친밀감과 신뢰성을 주기 때문이다.

파스칼은 갈대와 같이 약한 인간이 강한 우주를 지배하는 원인은 인간이 철학을 하기 때문이라고 했다. 철학은 인간이 선조로부터 배운 중요한 경험과 지식을 잘 활용하는 학문이다. 철학으로 인해서 인간의 문명과 과학은 기하급수적으로 발전을 하고 있는 것이다. 동시에 개인 스스로도 철학 지식이 풍부한 사람은 어디에서나 누구와도 폭넓은 대화를 할 수 있다.

과학과 기술의 급속한 변화는 과거 배운 전문지식은 금방 무용지물로 변한다. 새로운 지식을 필요로 하고 있다. 앞에서도 수차례 강조하였지만 이제는 지식의 공유화 시대로 접어들었다. 혼자서는 지식을 얻지 못하며 타인과의 공유된 지식을 필요로 한다. 그리고 조직도 점차적으로 수직사회에서 수평사회로 변화를 거듭해 나가고 있다. 수평사회에서 가장 필요로 하는 것은 바로 친화력이다. 이러한 친화력의 원동력이 바로 상대방과의 대화이다. 대화를 순조롭게 이끌기 위해서는 철학을 비롯하여 경제, 역사, 문화 등의 인문학이 필요하다.

여기에 더해서 이제 세계는 글로벌 시대다. 글로벌 시대는 국경과 국적이 점차적으로 사라지는 시대다. 글로벌 시대에 필요로 하는 지식이 바로 철학이다. 철학은 동서양이 공통적으로 필요로 하는 지식이기 때문이다. 따라서 철학 지식은 서양인이나 동양인이나 누구와도 대화가 가능한 풍부한 소재를 제공한다.

글로벌 시대에 철학 지식이 부족한 사람은 우물 안

개구리가 아닌 끓는 물속의 개구리가 된다. 끓는 물속의 개구리는 주변 환경에 민감하지 못해서 물의 온도가 올라가는 것을 인식하지 못하고 서서히 즐겁게 삶겨서 죽어 버린다. 과거에는 가만히 있으면 우물 안 개구리로서 직장 안에서 살다가 정년을 하고 나온다. 그러나 글로벌 시대는 신자유주의 시대다. 신자유주의란 금융시장의 자유화와 노동시장의 자유화를 의미한다. 직장에서는 언제든지 구조조정의 칼을 들고 있다. 조직에서 뒤지거나 능력이 없어 보이는 사람은 조직의 파이프라인이 잘 돌아가지 못하는 요인으로 본다. 그 결과 그들은 조직에서 구조조정의 대상이 된다. 이러한 구조조정의 대상이 아닌 조직에서 능력 있는 조직인으로 인정받고 조직의 파이프라인의 윤활유 역할을 하는 것이 철학이다. 철학 지식이 있는 사람은 대화에 능통하여 훌륭한 인간관계를 형성해 나갈 수 있기 때문에 오픈게임에서 본게임으로 올라가서 최고의 성공인이 될 수 있다.

이 책은 제4차 산업혁명이 도래하는 시점에서 급변하는 시대를 살아가는 현대인들이 깊이 있는 교양철학 지식을 바탕으로 성공적인 삶을 살아가기를 기원하는 데 의미를 두고 있다.

참고문헌

김종엽, 「안다는 것과 사랑한다는 것」, 가즈토이 2010.

김현태, 「철학과 그리스도교 문화탐색」, 철학과 현실사, 2005.

알베르 카뮈, 「시지프의 신화」,이기림 옮김, 문예출판사 1999.

노자, 「도덕경」, 임수무 옮김, 계명대학교 출판부, 2001.

프리드리히 니체, 「짜르트라투스는 이렇게 말했다」, 사순옥 옮김, 홍신문화사, 2011.

데카르트, 「방법서설」, 권오석 옮김, 홍신문화사, 2004.

존 듀이, 「민주주의와 교육」, 이홍우 옮김, 과학교육사, 2008.

조지 허버트 미드, 「정신, 자아, 사회」, 나은영 옮김. 한길사, 2010.

존 스튜어트 밀, 「자유론」, 서병훈 옮김, 책세상, 2008.

막스 베버, 「프로테스탄트 윤리와 자본주의 정신」, 김상희 옮김, 풀빛, 2006.

루트비히 비트겐슈타인, 「논리-철학 논고」, 이영철 옮김, 천지, 1991.

장 폴 사르트르, 「실존주의는 휴머니즘이다」, 박정태 옮김, 이학사, 2011.

에르빈 슈뢰딩거, 「정신과 물질」, 전대호 옮김, 궁리, 2007.

B. 스피노자, 「윤리학」, 강영계 옮김,서광사, 1990.

제인 오스틴, 「오만과 편견」, 윤지관. 전승희 옮김, 민음사, 2003.

아리스토텔레스, 「형이상학」, 김진성 옮김, 이제이북스, 2006.

아리스토텔레스, 「니코마코스 윤리학」, 이창우 옮김, 이제이북스, 2007.

아우구스티누스, 「고백록」, 최순민 옮김, 비오로딸, 2004.

아우구스티누스, 「신국론」, 성염 옮김, 분도출판사, 2004.

토마스 아퀴나스, 「진리론」, 이명곤 옮김, 책새상, 2012.

토마스 아키나스, 「 신학대전」, 성염 옮김,비오로딸, 2003.

알리기에르 단테, 「신곡」, 유필옮김, 밀리언셀러, 2011.

S. 모리스 엥겔, 「철학의 이해」, 이종석.나종석 옮김, 문예출판사, 1998.

에드워드 윌슨, 「인간의 본성에 대하여」, 이한음 옮김, 사이언스북스, 1978.

칸트, 「순수이성비판서문」, 김석수 옮김, 책세상, 2006.

앤서니 케니, 「토마스 아퀴나스」, 강영계 옮김, 서광사, 1986.

에머리히 코레트, 「인간이란 무엇인가」, 안명옥 옮김, 성 바오르 출판사, 1994.

키르케고르, 「사랑의 역사」, 임갑춘 옮김, 종로서적, 1982.

미셸 푸코, 「말과 사물」, 이광래 옮김, 민음사, 1988.

풀끼에, 「실존주의」, 김원옥 옮김, 탐구당, 1990.

에리히 프롬, 「자유로부터의 도피」, 이상두 옮김, 고려원, 1998.

플라톤, 「국가론」, 박종현 옮김, 서광사, 2005.

하이젠베르크, 「부분과 전체」, 김용준 올믹, 지식산업사, 2005.

홍승식, 「가브리엘 마르셀의 희망의 철학」, 가톨릭 출판사, 2002.

화이트 비, 「플로티노스의 철학」, 조규홍 옮김, 누멘, 2008.

데이비드 흄, 「인간본성에 관한 논고」, 이준호 옮김, 서광사, 2004.

요한네스 힐쉬베르거, 「서양철학사」, 강성위 옮김, 이문출판사, 1983.